Jean-Pierre Vasseur

Les **Mots justes** de **l'anglais** pour **tous les jours**

Plus de 6 000 mots et expressions
essentiels pour être opérationnel !

Ixelles éditions

Directrice de collection : Sophie Descours

© 2013 Ixelles Publishing SA
Ixelles éditions est une division de Ixelles Publishing SA

Tous droits de traduction, de reproduction
et d'adaptation réservés pour tous pays.

ISBN 978-2-87515-175-9
D/2013/11.948/176
Dépôt légal : 1er trimestre 2013

E-mail : contact@ixelles-editions.com
Site internet : www.ixelles-editions.com

Avant-propos

Vous êtes lycéen(ne) ?... Étudiant(e) ? Ou tout simplement un adulte plus ou moins âgé(e) désireux de vous perfectionner ou de reprendre contact avec la langue la plus indispensable du monde actuel ? Qui que vous soyez, cet ouvrage est pour vous : il vous propose en effet 74 rubriques de vocabulaire passant en revue l'ensemble des domaines de la connaissance. Du vocabulaire le plus élémentaire de la conversation courante *(saluer, se présenter, poser une question, commander un repas...)* à l'expression des sentiments les plus divers *(amour, admiration, colère...)* en passant par les principaux thèmes de la vie pratique *(circulation routière, météo, santé, loisirs...)* ou de la vie intellectuelle *(exprimer une opinion, commenter un texte, etc.),* chacun d'entre vous trouvera toujours au fil de ces 160 pages de quoi enrichir son vocabulaire et améliorer sa capacité d'expression.

Pour faciliter votre étude, nous avons systématiquement limité la taille de chaque rubrique à deux pages.

L'une des principales difficultés de l'anglais réside dans sa prononciation. Nous avons donc choisi d'accompagner tout le vocabulaire de ce livre de sa transcription dans l'alphabet phonétique international qui surpasse dans sa précision toutes les transcriptions fantaisistes et approximatives inventées au fil du temps par des auteurs plus ou moins imaginatifs. Vous ne connaissez pas l'alphabet phonétique international ? Alors, reportez-vous aux pages 9, 10 et 11 de ce livre où il vous est présenté de manière concrète et accessible à tous, notamment grâce à la transcription dans cet alphabet d'une trentaine de mots français.

JEAN-PIERRE VASSEUR
AGRÉGÉ DE L'UNIVERSITÉ

Sommaire

La prononciation de l'anglais

L'une des principales difficultés de l'apprentissage de la langue anglaise réside dans la prononciation. C'est pourquoi il est indispensable de posséder un minimum de connaissances dans le domaine de la phonétique. Pour une plus grande précision, nous avons renoncé dans ce livre à toute transcription phonétique fantaisiste et approximative. Nous utilisons l'alphabet phonétique international, le seul système sérieux de transcription de la langue anglaise. La présentation détaillée qui vous en est faite ci-dessous devrait vous permettre d'en découvrir toutes les subtilités :

L'alphabet phonétique international

Voyelles et diphtongues :

[ɑ:]	ask, car, father	[ɑ:sk] [kɑ:r] ['fɑ:ðər]
[ā:]	clientele, ensemble	[ˌkli:ā:n'təl] [ā:'sā:bl]
[aɪ]	life, fly, beside	[laɪf] [flaɪ] [bi'saɪd]

[aʊ]	**hou**se, h**ow**, n**ow**	[haʊs] [haʊ] [naʊ]
[æ]	**ca**t, **ma**n, **sa**d	[kæt] [mæn] [sæd]
[ʌ]	**cu**t, **so**n, **su**n, **u**p	[kʌt] [sʌn] [sʌn] [ʌp]
[e]	**be**d, **ge**t, **sai**d	[bed] [get] [sed]
[eɪ]	**da**te, **na**me, **rai**n	[deɪt] [neɪm] [reɪn]
[ə]	**a**go, bett**er**, **de**licate	[ə'gaʊ] ['bətər] ['delɪkət]
[ɜ:]	b**ir**d, f**ur**, h**er**	[bɜ:d] [fɜ:r] [hɜ:r]
[eə]	c**are**, th**ere**, v**ary**	[keər] [ðeər] ['veərɪ]
[ɪ]	**i**t, w**i**sh	[ɪt] [wɪʃ]
[i:]	b**ea**ch, s**ee**, m**e**, bel**ie**f	[bi:tʃ] [si:] [mi:] [bɪ'li:f]
[ɪə]	b**eer**, h**ere**, r**eally**	[bɪər] [hɪər] ['rɪəlɪ]
[əʊ]	n**o**, l**ow**, r**oa**d, s**oa**p	[nəʊ] [ləʊ] [rəʊd] [səʊp]
[ɒ]	n**o**t, l**o**ng	[nɒt] [lɒŋ]
[ɔ:]	**a**ll, l**a**w, s**a**w, sh**or**t	[ɔ:l] [lɔ:] [sɔ:] [ʃɔ:t]
[ɔ̃:]	rest**aur**ant	['restərɔ̃:]
[ɔɪ]	b**oy**, **oi**l, **oy**ster	[bɔɪ] [ɔɪl] ['ɔɪstər]
[ʊ]	f**u**ll, p**u**sh, b**oo**k, w**oo**d	[fʊl] [pʊʃ] [bʊk] [wʊd]
[u:]	sh**oe**, y**ou**, d**o**, t**oo**	[ʃu:] [ju:] [du:] [tu:]
[ʊə]	p**oor**, s**ure**, t**ou**rist	[pʊər] [ʃʊər] [tʊərɪst]

Consonnes :

[b]	**b**ee, **b**ut, tu**b**e	[bi:] [bʌt] [tju:b]
[d]	**d**o, **d**og, ha**d**	[du:] [dɒg] [hæd]
[dʒ]	**g**in, **j**am, ra**g**e	[dʒɪn] [dʒæm] [reɪdʒ]
[f]	**f**at, **f**ather, laug**h**	[fæt] ['fɑ:ðər] [lɑ:f]
[g]	be**g**, e**gg**, **gu**ard, **g**o	[beg] [eg] [gɑ:d] [gəʊ]
[h]	**h**at, **h**ouse	[hæt] [haʊs]
[j]	**y**et, f**ew**, h**u**mour	[jet] [fju:] ['hju:mər]
[k]	**k**eep, mil**k**, **c**at, **qu**eue	[ki:p] [mɪlk] [kæt] [kju:]
[l]	**l**amp, oi**l**, i**ll**, tab**l**e	[læmp] [ɔɪl] [ɪl] ['teɪbl]
[m]	**m**an, A**m**erica, **m**u**m**	[mæn] [ə'merɪkə] [mʌm]
[n]	**n**o, ma**nn**er, **kn**ow, **gn**at	[nəʊ] ['mænər] [nəʊ] [næt]
[ŋ]	lo**ng**, si**ng**, si**nk**, a**nch**or	[lɒŋ] [sɪŋ] [sɪŋk] ['æŋkər]
[p]	**p**aper, ha**pp**y, to**p**	['peɪpər] ['hæpɪ] [tɒp]

10

[r]	**r**ed, d**r**y, **r**ight, **wr**ong	[red] [draɪ] [raɪt] [rɒŋ]
[r]*	fa**r**, finge**r**, sailo**r**	[fɑːr] [ˈfɪŋgər] [ˈseɪlər]
[s]	**s**and, **sc**ene, ye**s**, i**c**e	[sænd] [siːn] [jes] [aɪs]
[ʃ]	**sh**ip, o**c**ean, **st**ation	[ʃɪp] [ˈəʊʃn] [ˈsteɪʃn]
[t]	**t**eam, **t**ell, **t**ime, fa**t**	[tiːm] [tel] [taɪm] [fæt]
[θ]	**th**ank, **th**rough, dea**th**	[θæŋk] [θruː] [deθ]
[ð]	**th**at, **th**en, **th**is, fa**th**er	[ðæt] [ðen] [ðɪs] [ˈfɑːðər]
[tʃ]	**ch**urch, ca**tch**, ri**ch**	[tʃɜːtʃ] [kætʃ] [rɪtʃ]
[v]	**v**oice, li**v**e, li**v**ely	[vɔɪs] [lɪv] [ˈlaɪvlɪ]
[w]	**w**all, **wh**ich, q**u**iet	[wɔːl] [wɪtʃ] [kwaɪət]
[χ]	lo**ch**	[lɒχ]
[z]	**z**one, the**s**e, hou**s**e**s**	[zəʊn] [ðiːz] [ˈhaʊzɪz]
[ʒ]	plea**s**ure, vi**s**ion	[ˈpleʒər] [ˈvɪʒn]

['] *accent principal*   [ˌ] *accent secondaire*

(*) Le [r] final ne se prononce que dans les liaisons avec les mots commençant par une voyelle.

Voici en guise de rapide exercice de lecture la transcription phonétique de quelques mots français :

achat	[aʃa]	apporter	[aporte]
acheter	[aʃte]	après	[aprɛ]
agir	[[aʒir]	argent	[arʒɑ̃]
Allemagne	[almaɲ]	armoire	[armwar]
alors	[alɔr]	assez	[ase]
alphabet	[alfabɛ]	augmenter	[ɔgmɑ̃te]
amitié	[amitje]	aujourd'hui	[oʒurdɥi]
amour	[amur]	autobus	[otobys]
amusant	[amyzɑ̃]	automne	[otɔn]
ancien	[ɑ̃sjɛ̃]	autoroute	[otorut]
anglais	[ɑ̃glɛ]	autrefois	[otrəfwa]
Angleterre	[ɑ̃glətɛr]	avec	[avɛk]
anniversaire	[anivɛrsɛr]	avion	[avjɔ̃]
appartement	[apartəmɑ̃]	avoir	[avwar]

1. ÉTABLIR UN PREMIER CONTACT !

Bonjour ! (le matin)	**Good morning!**	[gʊd 'mɔːnɪŋ]
Bonjour ! (à toute heure)	**Hello!**	[hə'ləʊ]
Salut ! (bonjour familier)	**Hello! = Hi!**	[hə'ləʊ] [haɪ]
Salut à tous !	**Hello everybody!** = **Hi everybody!**	[hə'ləʊ 'evrɪbɒdɪ] [haɪ 'evrɪbɒdɪ]
Bienvenue !	**Welcome!**	['welkəm]
Bienvenue à Paris !	**We welcome you to Paris!**	['welkəm]
Bonsoir !	**Good evening!**	[gʊd 'iːvnɪŋ]
Bon appétit !	**Enjoy your meal!**	[ɪn'dʒɔɪ jɔːr miːl]
À votre santé ! (avant de boire)	**Cheers!** = **Your health!**	[tʃɪərz] [jɔːr helθ]
À vos souhaits ! (après éternuement)	**Bless you!** (to bless : bénir)	[bles ju]
Bonne nuit !	**Good night!**	[gʊd naɪt]
À demain !	**See you tomorrow!**	[sɪ ju tə'mɒrəʊ]
Dors (ou Dormez) bien !	**Sleep well!**	[sliːp wel]
À bientôt !	**See you soon!**	[sɪ ju suːn]
À tout de suite !	**Right away!**	[raɪt ə'weɪ]
Au revoir !	**See you later!**	[sɪ ju 'leɪtər]
Salut ! (= au revoir)	**Goodbye! Bye! So long!**	[ˌgʊd'baɪ] [səʊ lɒŋ]
Bon voyage !	**Have a good trip!**	[hæv ə gʊd trɪp]
À l'an prochain !	**See you next year!**	[sɪ ju nekst jɪər]
À la semaine prochaine !	**See you next week!**	[nekst wiːk]
D'accord !	**OK, okay.**	['əʊ'keɪ]
Pas de problème !	**No problem!**	[nəʊ 'prɒbləm]
Tout va bien !	**Everything is fine!**	['evrɪθɪŋ ɪz faɪn]
Merci !	**Thank you!**	[θæŋk juː]
Merci beaucoup !	**Thank you very much!**	['verɪ mʌtʃ]
Je vous en prie !	**You're welcome!**	['welkəm]
Il n'y a pas de quoi !	**Don't mention it!**	[dəʊnt menʃən ɪt]

Pardon !	**Sorry!**	[ˈsɒri]
Excusez-moi !	**Excuse me!**	[ɪkˈskjuːz miː]
Je suis vraiment désolé(e) !	**I am really sorry!**	[aɪ əm ˈrɪəlɪ ˈsɒri]
Dommage !	**What a pity!** = **What a shame!**	[wɒt ə ˈpɪti] [wɒt ə ʃeɪm]
C'est vraiment dommage !	**It's a real shame.**	[ɪts ə rɪəl ʃeɪm]
Madame Dubois.	**Mrs Dubois.**	[ˈmɪsɪz]
Monsieur Dubois.	**Mr Dubois.**	[ˈmɪstər]
Que signifie ce mot ?	**What does this word mean?**	[wɒt dʌz ðɪs wɜːd miːn]
Je ne sais pas.	**I don't know.**	[aɪ dəʊnt nəʊ]
Je ne comprends pas.	**I don't understand.**	[aɪ dəʊnt ˌʌndəˈstænd]
Je n'ai pas compris.	**I didn't understand.**	[aɪ ˈdɪdənt ˌʌndəˈstænd]

Mesdames et Messieurs, bonjour !	**Hello, Ladies and Gentlemen!**
Chers amis, bonsoir !	**Good evening, dear friends!**
Comment vous appelez-vous ?	**What's your name?**
Mon nom est Dubois.	**My name is Dubois.**
Je m'appelle Pierre Dubois.	**I'm called Pierre Dubois.**
Enchanté(e) de faire votre connaissance !	**(Very) pleased to meet you!**
Comment allez-vous ?	**- How are you?**
- Très bien, merci. Et vous ?	**- Very well, thanks. And you?**
- Puis-je m'asseoir à côté de vous ?	**- Can I sit next to you?**
- Mais bien sûr !	**- Yes, of course!**
- Cela ne vous dérange pas ?	**- It doesn't bother you?**
- Mais pas du tout, au contraire !	**- Not at all, on the contrary!**
- Excusez-moi de vous déranger !	**- Sorry to bother you!**
- Mais cela ne me dérange pas du tout !	**- It doesn't bother me at all!**
Où puis-je trouver un restaurant ?	**Where can I find a restaurant?**
Où se trouve l'hôtel ?	**Where is the hotel?**
Où sont les toilettes, s'il vous plaît ?	**Where are the toilets, please?**

2. PARLER ET... COMPRENDRE

- Parlez-vous français ?	- Do you speak French?
- Non, je ne parle que l'anglais.	- No, I only speak English.
Je parle français.	I speak French.
Je ne parle pas français.	I don't speak French.
Comment dit-on cela en anglais ?	How do you say that in English?
Dites-le plutôt en français !	Say it in French rather!
- Vous ne comprenez pas ?	- You don't understand?
- Si, j'ai presque tout compris.	- Yes, I understood almost everything.
Je ne parle pas votre langue.	I don't speak your language.
Pouvez-vous répéter, s'il vous plaît ?	Could you repeat that, please?
Parlez plus lentement, s'il vous plaît.	Speak slower, please.
Pouvez-vous parler plus lentement ?	Can you speak slower?
Ne parlez pas si vite, s'il vous plaît !	Don't speak so quickly, please!
Je ne comprends pas ce que vous dites.	I don't understand what you are saying.
Il dit qu'il ne comprend rien !	He says he doesn't understand anything!
Y a-t-il ici quelqu'un qui parle français ?	Is there anyone who speaks French?
Pouvez-vous traduire ce mot en français ?	Can you translate this word into French?
Que signifie cette phrase, s'il vous plaît ?	What does this sentence mean, please?
Qu'est-ce que c'est ?	What is it?
Quel est le nom de cet objet ?	What's this object called?
Puis-je vous poser une question ?	Can I ask you a question?
Pourquoi me posez-vous cette question ?	Why are you asking me this question?
Avez-vous d'autres questions ?	Do you have any other questions?

la question	**question**	['kwestʃən]
la réponse	**answer**	['ɑːnsər]
Qui ?	**Who?**	[huː]
Quoi ?	**What?**	[wɒt]

Que dites-vous ?	**What do you say?**	[wɒt du: ju seɪ]
Que dit-il ?	**What does he say?**	[wɒt dʌz hɪ: seɪ]
Comment ?	**How?**	[haʊ]
Pourquoi ?	**Why?**	[waɪ]
Quand ?	**When?**	[wen]
Depuis quand ?	**Since when?**	[sɪns wen]
Qui est là ?	**Who's there?**	[hu: ɪz ðeər]
Qui êtes-vous ?	**Who are you?**	[hu: ɑ:r ju]
- Qui est-ce ?	**- Who is it?**	[hu: ɪz ɪt]
- C'est moi !	**- It's me!**	[ɪts mi:]
Qu'est-ce que c'est ?	**What is it?**	[wɒt ɪz ɪt]
Que se passe-t-il ?	**What's happening?**	[wɒts 'hæpənɪŋ]
Quoi de neuf ?	**What's news? =**	[wɒts nju:z]
	What's up?	[wɒts ʌp]
Où es-tu ?	**Where are you?**	[weər ɑ:r ju]
Où vas-tu ?	**Where are you going?**	[weər ɑ:r ju gəʊɪŋ]
Où est-elle ?	**Where is she?**	[weər ɪz ʃi:]
Où va-t-elle ?	**Where is she going?**	[weər ɪz ʃi: gəʊɪŋ]
D'où viens-tu ?	**Where do you come from?**	[kʌm frɒm]
D'où vient-elle ?	**Where does she come from?**	[kʌm frɒm]

Où est l'entrée ?	**Where is the entrance?**
	Where is the way in?
Où est la sortie ?	**Where is the exit?**
	Where is the way out?
Est-ce que vous venez de France ?	**Do you come from France?**
Quand êtes-vous allé en Angleterre ?	**When did you go to England?**
Allez-vous souvent à l'étranger ?	**Do you go abroad often?**
Êtes-vous déjà allé en Italie ?	**Have you already been to Italy?**

3. QUELQUES CONTRAIRES

Oui. / Non.	**Yes. / No.**	[jes] [nəʊ]
Peut-être.	**Maybe = Perhaps.**	['meɪbɪː] [pə'hæps]
beau	**beautiful**	['bjuːtɪfʊl]
laid	**ugly**	[ˈʌglɪ]
bon - mauvais	**good - bad**	[gʊd] [bæd]
grand	**big, large, great**	[bɪg] [lɑːdʒ] [greɪt]
petit	**little, small**	[ˈlɪtl] [smɔːl]
haut - bas	**high - low**	[haɪ] [ləʊ]
jeune - vieux	**young - old**	[jʌŋ] [əʊld]
nouveau - ancien	**new - old**	[njuː] [əʊld]
immense	**huge**	[hjuːdʒ]
minuscule	**tiny**	['taɪnɪ]
gros	**thick, fat, large**	[θɪk] [fæt] [lɑːdʒ]
mince	**thin**	[θɪn]
large	**broad, wide**	[brɔːd] [waɪd]
court	**short**	[ʃɔːt]
chaud	**hot, warm**	[hɒt] [wɔːm]
froid	**cold**	[kəʊld]
propre - sale	**clean - dirty**	[kliːn] ['dɜːtɪ]
proche	**near**	[nɪər]
lointain	**far [away]**	[fɑːrə'weɪ]
[mal]heureux	**[un]happy**	[(ʌn)'hæpɪ]
joyeux	**glad, merry**	[glæd] ['merɪ]
triste	**sad**	[sæd]
rapide	**quick, fast**	[kwɪk] [fɑːst]
lent	**slow**	[sləʊ]
facile	**easy**	['iːzɪ]
difficile	**hard, difficult**	[hɑːd] ['dɪfɪkəlt]
léger - lourd	**light - heavy**	[laɪt] ['hevɪ]
fort - faible	**strong - weak**	[strɒŋ] [wiːk]
dur - mou	**hard - soft**	[hɑːd] [sɒft]
gentil	**nice, kind**	[naɪs] [kaɪnd]
méchant	**evil, wicked**	['iːvl] ['wɪkɪd]
utile - inutile	**useful - useless**	['juːsfʊl] ['juːslɪs]

habituel	**usual**	[ˈjuːʒʊəl]
inhabituel	**unusual**	[ʌnˈjuːʒʊəl]
exact, vrai	**right, true**	[raɪt] [truː]
faux	**wrong, false**	[rɒŋ] [fɔːls]
interdit	**forbidden**	[fəˈbɪdn]
autorisé, permis	**allowed, permitted**	[əˈlaʊd] [pəˈmɪtɪd]
ouvert - fermé	**open - closed**	[ˈəʊpən] [kləʊzd]
quelqu'un	**someone = somebody**	[ˈsʌmwʌn] [ˈsʌmbədɪ]
personne	**nobody**	[ˈnəʊbədɪ]
tout le monde	**everybody**	[ˈevrɪbɒdɪ]
quelque chose	**something**	[ˈsʌmθɪŋ]
rien	**nothing**	[ˈnʌθɪŋ]
tout	**all / everything**	[ɔːl] [ˈevrɪθɪŋ]
toujours	**always**	[ˈɔːlweɪz]
parfois	**sometimes**	[ˈsʌmtaɪmz]
jamais	**never**	[ˈnevər]
souvent	**often**	[ˈɒf(t)ən]
très souvent	**very often**	[ˈverɪ ˈɒf(t)ən]
de temps en temps	**now and again**	[naʊ ənd əˈgen]
maintenant	**now**	[naʊ]
plus tard	**later**	[ˈleɪtər]
en haut	**up above**	[ʌp əˈbʌv]
en bas	**down below**	[daʊn bɪˈləʊ]
à droite	**on the right**	[ɒn ðə raɪt]
à gauche	**on the left**	[ɒn ðə left]
devant	**in front**	[ɪn frʌnt]
derrière	**behind**	[bɪˈhaɪnd]
ici	**here**	[hɪər]
là-bas	**(over) there**	[ˈəʊvə ðeər]
partout	**everywhere**	[ˈevrɪweər]
nulle part	**nowhere**	[ˈnəʊweər]
loin	**far**	[fɑːr]
proche	**near**	[nɪər]
beaucoup	**a lot, lots, much, many**	[ə lɒ] [lɒts] [mʌtʃ] [ˈmenɪ]
peu	**little**	[ˈlɪtl]

4. SE PRÉSENTER

se présenter	**to introduce oneself**	[ˌɪntrəˈdjuːs wʌnˈself]
la famille	**family**	[ˈfæmɪlɪ]
l'enfant	**child (plur. : children)**	[tʃaɪld] [ˈtʃɪldrən]
l'homme	**man (plur. : men)**	[mæn] [men]
la femme	**woman (plur. : women)**	[ˈwʊmən] [ˈwɪmɪn]
le mari	**husband**	[ˈhʌzbənd]
l'épouse	**wife (plur. : wives)**	[waɪf] [waɪvz]
la mère	**mother**	[ˈmʌðər]
le père	**father**	[ˈfɑːðər]
maman	**mum, mummy**	[mʌm] [ˈmʌmɪ]
papa	**dad, daddy**	[dæd] [ˈdædɪ]
le garçon - la fille	**boy - girl**	[bɔɪ] [gɜːl]
le fils - la fille	**son - daughter**	[sʌn] [ˈdɔːtər]
le frère - la soeur	**brother - sister**	[ˈbrʌðər] [ˈsɪstər]
les parents	**parents**	[ˈpeərənts]
les grands-parents	**grandparents**	[ˈgrændˌpeərənts]
la grand-mère	**grandmother**	[ˈgrændˌmʌðər]
le grand-père	**grandfather**	[ˈgrændˌfɑːðər]
pépé, papi	**grandpa, grand-dad**	[ˈgrænpaː] [ˈgrændæd]
mémée, mamie	**grandma**	[ˈgrænmaː]
le petit-fils	**grandson**	[ˈgrændˌsʌn]
la petite-fille	**grand-daughter**	[ˈgrændˌdɔːtər]
les arrière-grands-parents	**great-grandparents**	[ˌgreɪt]
le cousin	**cousin**	[ˈkʌzn]
la cousine	**(female) cousin**	[ˈfiːmeɪl ˈkʌzn]
le neveu - la nièce	**nephew**	[ˈnefjuː] [niːs]
l'oncle - la tante	**uncle - aunt**	[ˈʌŋkl] [ɑːnt]
les beaux-parents	**parents-in-law**	[ˈpeərənts ɪn lɔː]
le gendre	**son-in-law**	[sʌn ɪn lɔː]
la belle-fille, la bru	**daughter-in-law**	[ˈdɔːtər ɪn lɔː]
le beau-frère	**brother-in-law**	[ˈbrʌðər ɪn lɔː]

la belle-sœur	**sister-in-law**	['sɪstər ɪn lɔː]
le mariage	**marriage**	['mærɪdʒ]
le couple	**[married] couple**	['mærɪd kʌpl]
épouser	**to marry**	['mærɪ]
se marier (à)	**to get married (to)**	[get 'mærɪd tuː]

Je vous présente mon mari / Je vous présente ma femme.
This is my husband / This is my wife.

Enchanté(e) de faire votre connaissance.
(Very) pleased to meet you.

Voici mon fils !
This is my son and this is my daughter.

Comment s'appelle cet enfant ?
What is this child's name?

Je suis marié(e) depuis un mois.
I have been married for a month.

C'est notre voyage de noces !
We are on our honeymoon!

Pouvez-vous me donner votre adresse ?
Can you give me your address?

Avez-vous une adresse e-mail ?
Do you have an e-mail address?

Vous habitez chez vos parents ?
Do you live with your parents?

- Quel âge ton frère a-t-il ?
- How old is your brother?

- Il a vingt ans et il est étudiant.
- He is twenty and he is a student.

Ma sœur est plus vieille que mon frère.
My sister is older than my brother.

Je crois que ma sœur a douze ans.
I think my sister is twelve.

Mon frère est plus jeune que moi.
My brother is younger than I am.

Il n'est pas aussi vieux que toi.
He is not as old as you.

Sais-tu quel âge il a ?
Do you know how old he is?

- Quel est votre prénom ?
- What is your name?

- Je m'appelle John.
- My name is John.

- Mon nom de famille est Smith.
- My surname is Smith.

- Avez-vous des enfants ?
- Do you have any children?

- J'ai un garçon et une fille.
- I have a boy and a girl.

- Êtes-vous marié(e) ?
- Are you married?

- Quel âge avez-vous ?
- How old are you?

- J'ai trente-deux ans.
- I am thirty-two (years old).

5. LA NAISSANCE, LA VIE ET LA MORT

la naissance	**birth**	[bɜːθ]
la date de naissance	**date of birth**	[deɪt ɒv bɜːθ]
le lieu de naissance	**birthplace**	['bɜːθpleɪs]
l'anniversaire	**birthday**	['bɜːθdeɪ]
venir au monde	**to be born**	[bi: bɔːn]
Quand est-il né ?	**When was he born?**	[bɔːn]
Il est né en 1951	**He was born in 1951**	[bɔːn]
donner naissance à	**to give birth to**	[gɪv bɜːθ tuː]
être enceinte	**to be pregnant**	['pregnənt]
la grossesse	**pregnancy**	['pregnənsɪ]
attendre un enfant	**to be expecting a baby**	['beɪbɪ]
la pilule	**[contraceptive] pill**	[kɒntrə'septɪv pɪl]
l'avortement	**abortion**	[ə'bɔːʃən]
le bébé, le nourrisson	**baby (pl. : babies)**	['beɪbɪ] ['beɪbɪz]
téter / allaiter	**to suck / to suckle**	[sʌk] ['sʌkl]
quand j'étais enfant	**when I was a child**	[tʃaɪld]
l'enfance	**childhood**	['tʃaɪldhʊd]
enfantin, d'enfant	**childlike**	['tʃaɪldlaɪk]
enfantin / puéril	**childish**	['tʃaɪldɪʃ]
puéril	**puerile**	['pjʊəraɪl]
sans enfant	**childless**	['tʃaɪldlɪs]
l'adolescent	**teenager**	['tiːneɪdʒər]
la jeunesse	**youth**	[juːθ]
jeune - vieux	**young - old**	[jʌŋ] [əʊld]
le sexe opposé	**opposite sex**	['ɒpəzɪt seks]
masculin	**male, masculine**	[meɪl] ['mæskjʊlɪn]
féminin	**female, feminine**	['fiːmeɪl] ['femɪnɪn]
l'être humain	**human being**	['hjuːmən 'biːɪŋ]
l'espérance de vie	**life expectancy**	[laɪf ɪk'spektənsɪ]
vivant	**alive, living**	[ə'laɪv] ['lɪvɪŋ]
Quel âge as-tu ?	**How old are you?**	[haʊ əʊld ɑːr juː]
Il a dix ans	**He is ten years old**	[ten jɪəz əʊld]
à [l'âge de] vingt ans	**at the age of twenty**	['twentɪ]
[âgé] de 50 ans	**fifty-year-old**	['fɪftɪ jɪər əʊld]

du même âge	**[of] the same age**	[seɪm eɪdʒ]
grandir	**to grow up**	[grəʊ ʌp]
l'adulte	**adult, grown-up**	['ædʌlt] ['grəʊnʌp]
mineur - majeur	**minor - major**	['maɪnər] ['meɪdʒər]
la majorité	**majority**	[mə'dʒɒrɪtɪ]
mûr - immature	**mature - immature**	[mə'tjʊər] [ɪmə'tjʊər]
fonder une famille	**to start a family**	[stɑːt]
l'enfant unique	**only child**	['əʊnlɪ tʃaɪld]
une famille nombreuse	**a large family**	[lɑːdʒ 'fæmɪlɪ]
la crèche	**day nursery**	[deɪ 'nɜːsrɪ]
marié	**married**	['mærɪd]
célibataire	**unmarried, single**	[ʌn'mærɪd] ['sɪŋgl]
la mère célibataire	**unmarried mother**	[ʌn'mærɪd mʌðər]
le célibataire	**bachelor**	['bætʃələr]
la vieille fille	**spinster**	['spɪnstər]
l'adultère	**adultery**	[ə'dʌltərɪ]
(in)fidèle	**(un)faithful**	[(ʌn)'feɪθfʊl]
tromper	**to be unfaithful to**	[ʌn'feɪθfʊl tuː]
le divorce	**divorce**	[dɪ'vɔːs]
divorcer	**to get divorced**	[dɪ'vɔːst]
vieillir	**to age, to get older,**	[eɪdʒ] [get əʊldər]
la maison de retraite	**old people's home**	[əʊld 'piːplz həʊm]
la mort	**death**	[deθ]
mort / mort ou vif	**dead / dead or alive**	[ded] [ded ər ə'laɪv]
mourir	**to die**	[daɪ]
le cimetière	**graveyard, cemetery**	['greɪvjɑːd] ['semɪtrɪ]
la tombe	**grave**	[greɪv]
enterrer	**to bury**	['berɪ]
l'enterrement	**burial**	['berɪəl]
la veuve - le veuf	**widow - widower**	['wɪdəʊ] ['wɪdəʊər]

bien élevé	**well brought up, well bred**
mal élevé	**badly brought up, ill bred**
Elle a élevé trois enfants	**She brought three children up.**
Voulez-vous m'épouser ?	**Will you marry me?**
Ils ont divorcé en 1975.	**They were divorced in 1975.**
l'IVG	**voluntary termination of pregnancy**
Elle a accouché il y a trois jours.	**She gave birth three days ago.**

6. EN VOYAGE

le voyage	**journey, trip**	['dʒɜːni] [trɪp]
voyager	**to travel**	['trævl]
l'agence de voyage	**travel agency**	['trævl 'eɪdʒənsi]
le voyageur	**traveller**	['trævlər]
le voyage d'affaires	**business trip**	['bɪznɪs trɪp]
le voyage aérien	**air journey**	[eər 'dʒɜːni]
le trafic aérien	**air traffic**	[eər 'træfɪk]
la croisière	**cruise**	[kruːz]
voyager en train	**to travel by train**	[treɪn]
le wagon-restaurant	**dining car**	['daɪnɪŋ kɑːr]
le wagon-lit	**sleeping car**	['sliːpɪŋ kɑːr]
partir pour	**to leave for**	[liːv]
l'horaire	**timetable, schedule**	['taɪmteɪbl] ['ʃedjuːl]
le billet, le ticket	**ticket**	['tɪkɪt]
l'aller	**outward journey**	['aʊtwəd 'dʒɜːni]
le retour	**return journey**	[rɪ'tɜːn 'dʒɜːni]
le billet aller-retour	**return ticket**	[rɪ'tɜːn 'tɪkɪt]
aller et retour	**there and back**	[ðeər ənd bæk]
la distance	**distance**	['dɪstəns]
le départ	**departure**	[dɪ'pɑːtʃər]
l'arrivée	**arrival**	[ə'raɪvəl]
la valise	**suitcase**	['suːtˌkeɪs]
les bagages	**luggage**	['lʌgɪdʒ]
le sac à dos	**rucksack / backpack**	['rʌksæk] ['bækpæk]
le sac à main	**handbag**	['hændbæg]
lourd	**heavy**	['hevi]
léger	**light**	[laɪt]
Je suis prêt(e).	**I am ready.**	[aɪm 'redi]
Nous pouvons y aller.	**We can go.**	[wiː kæn gəʊ]
Allons-y !	**Let's go!**	[lets gəʊ]
En route !	**Let's hit the road!**	[lets hɪt ðə rəʊd]
Du calme !	**Calm down!**	[kɑːm daʊn]
Ne t'énerve pas !	**Don't get angry!**	[dəʊnt get 'æŋgri]

la frontière	**border, frontier**	['bɔːdər] ['frʌntɪər]
passer la frontière	**to cross the border**	[krɒs]
la douane	**customs**	['kʌstəms]
le douanier	**customs officer**	['kʌstəms 'ɒfɪsər]
le contrôle	**customs control**	['kʌstəms 'ɒfɪsər]
le passeport	**passport**	['pɑːspɔːt]
le visa	**visa**	['viːzə]
la carte d'identité	**identity card**	[aɪ'dentɪtɪ kɑːd]
le nom	**surname**	['sɜːneɪm]
le prénom	**first name**	[fɜːst neɪm]
la date de naissance	**date of birth**	[deɪt əv bɜːθ]
le lieu de naissance	**place of birth**	[pleɪs əv bɜːθ]
le numéro de passeport	**passport number**	['pɑːspɔːt 'nʌmbər]

Le départ est prévu à 17 heures.	**The departure is scheduled for five pm.**
Tu n'as rien oublié ?	**You haven't forgotten anything?**
Où sont les clés de la valise ?	**Where are the keys to the suitcase?**
N'oublie pas les passeports !	**Don't forget your passports!**
Nous arrivons à la frontière.	**We are arriving at the border.**
Puis-je voir votre passeport ?	**Can I see your passport?**
- Avez-vous quelque chose à déclarer ?	**- Do you have anything to declare ?**
- Non, absolument rien !	**- No, absolutely nothing.**
- Vous pouvez passer.	**- You can go through.**
J'ai acheté des cigarettes et de l'alcool.	**I have bought cigarettes and alcohol.**
Votre tee-shirt est une contrefaçon.	**Your teeshirt is a fake.**
Ceci est formellement interdit.	**This is formally forbidden.**
Vous allez devoir payer une amende.	**You are going to have to pay a fine.**
remplir un document d'identité	**to fill in a registration form**
Cochez la case correspondante.	**Tick the corresponding box.**
Durée de votre séjour dans le pays.	**Length of your stay in the country**
Voyagez-vous seul(e) ?	**Are you travelling alone?**

7. TOURISME - VACANCES

le tourisme	**tourism**	['tʊərɪzm]
le touriste	**tourist**	['tʊərɪst]
aller à	**to go to**	[gəʊ tu:]
visiter	**to visit**	['vɪzɪt]
aller voir	**to go and see**	[gəʊ ənd si:]
qui vaut le coup d'œil	**worth seeing**	[wɜ:θ 'si:ɪŋ]
la curiosité, la chose intéressante	**sight**	[saɪt]
le monument	**monument**	['mɒnjʊmənt]
le musée	**museum**	[mju:'zɪəm]
le château	**castle**	['kɑ:sl]
le château-fort	**fortified castle**	['fɔ:tɪfaɪd 'kɑ:sl]
le palais	**palace**	['pælɪs]
la tour	**tower**	['taʊər]
l'église	**church**	[tʃɜ:tʃ]
la cathédrale	**cathedral**	[kə'θi:drəl]
les pays étrangers	**foreign countries**	['fɒrən 'kʌntrɪz]
l'étranger	**foreigner**	['fɒrənər]
l'interprète	**interpreter**	[ɪn'tɜ:prɪtər]
traduire en	**to translate into**	[trænz'leɪt 'ɪntʊ]
le guide *(personne)*	**courier, guide**	['kʊrɪər] [gaɪd]
le guide *(livre)*	**guide book**	[gaɪd bʊk]
le plan d'une ville	**street map**	[stri:t mæp]
la carte routière	**road-map**	[rəʊd mæp]
les vacances	**holidays**	['hɒlɪdeɪz]
être en vacances	**to be on holiday**	['hɒlɪdeɪ]
les grandes vacances	**Summer holidays**	['sʌmər 'hɒlɪdeɪz]
aller se promener	**to go for a walk**	[gəʊ fɔ:r ə wɔ:k]
la promenade	**walk, stroll**	[wɔ:k] [strəʊl]
flâner	**to stroll**	[strəʊl]
la cure	**[health] cure**	[helθ kjʊər]
la station thermale	**health resort ; spa**	[helθ rɪ'zɔ:t] [spɑ:]
la plage	**beach**	[bi:tʃ]
se baigner	**to bathe**	[beɪð]

nager	**to swim**	[swɪm]
la station balnéaire	**seaside resort**	['si:saɪd rɪ'zɔ:t]
le terrain de camping	**camp-site**	[kæmpsaɪt]
le camping (activité)	**camping**	['kæmpɪŋ]
la tente	**tent**	[tent]
en plein air	**in the open [air]**	[ɪn ðɪ' əʊpən eər]
le sac de couchages	**leeping-bag**	['sli:pɪŋ bæg]
le matelas pneumatique	**air-bed, Lilo**	['eəbed] ['laɪˌləʊ]
le pique-nique	**picnic**	['pɪknɪk]
pique-niquer	**to [have a] picnic**	['pɪknɪk]
la glacière	**cool box**	[ku:l bɒks]
la caravane	**caravan, trailer**	['kærəvæn] ['treɪlər]
l'auberge de jeunesse	**youth hostel**	[ju:θ 'hɒstəl]
Nuit et petit-déjeuner	**Bed and breakfast**	[bed ənd 'brekfəst]
passer la nuit	**to stay overnight**	[steɪ 'əʊvə'naɪt]
le séjour d'une nuit	**overnight stay**	['əʊvə'naɪt steɪ]
séjourner	**to stay**	[steɪ]
le séjour	**stay**	[steɪ]
réserver	**to reserve, to book**	[rɪ'zɜ:v] [bʊk]

partir en vacances	**to go on holiday**
Combien de temps les vacances durent-elles ?	**How long do the holidays last?**
Je crois qu'elles durent un mois.	**I think they last for a month.**
Où allez-vous pendant les vacances ?	**Where are you going for your holiday?**
partir aux sports d'hiver	**to go on a winter sports holiday**
aller à la mer	**to go to the sea[side]**
Chambres à louer.	**Vacancies = Rooms to let.**
Allons faire un tour en ville !	**Let's go for a walk around town!**
Peut-on visiter la cathédrale ?	**Can we visit the cathedral?**
Combien coûte le billet d'entrée ?	**How much does the entrance ticket cost?**
Quand ce monument est-il ouvert ?	**When is this monument open?**
Est-ce ouvert ou fermé ?	**Is it open or closed?**
Aujourd'hui, le musée est fermé.	**Today, the museum is closed.**

8. ÉCRIRE - TÉLÉPHONER - FILMER

la poste	**post office**	[pəʊst ˈɒfɪs]
la lettre	**letter**	[ˈletər]
le timbre-poste	**stamp**	[stæmp]
la carte postale	**postcard**	[ˈpəʊstkɑːd]
l'enveloppe	**envelope**	[ˈenvələʊp]
la boîte aux lettres	**letter box**	[ˈletər bɒks]

Je voudrais acheter cinq timbres.	**I would like to buy five stamps.**
J'ai cinq cartes postales à écrire.	**I have five postcards to write.**
J'ai perdu mon stylo.	**I have lost my pen.**
Je voudrais poster une lettre.	**I would like to post a letter.**
Je cherche une boîte aux lettres.	**I am looking for a letter box.**

le téléphone	**telephone**	[ˈtelɪfəʊn]
le numéro de téléphone	**telephone number**	[ˈtelɪfəʊn ˈnʌmbər]
la cabine téléphonique	**telephone box**	[ˈtelɪfəʊn bɒks]
le (téléphone) portable	**mobile (phone)** *cellular phone*	[ˈməʊbaɪl fəʊn] [ˈseljʊlər fəʊn]

Mon portable ne fonctionne pas.	**My mobile is not working.**
Je dois recharger mon téléphone portable.	**I have to charge my mobile phone.**
Je voudrais téléphoner en France.	**I would like to phone France.**
- Pourrais-je parler à Monsieur Spencer ?	**- Can I speak to Mr. Spencer?**
- Ne quittez pas ! Je vous le passe.	**- Hold the line, please! I will transfer you.**
Désolé, la ligne est occupée.	**Sorry, the line is busy.**
Ça ne répond pas.	**There is no answer.**
Vous vous êtes trompé de numéro.	**You've called the wrong number.**
Vous devez composer un autre numéro.	**You should call another number.**
Où est l'annuaire, s'il vous plaît ?	**Where is the phone book, please?**

Allô ? Qui est à l'appareil ?
- Puis-je brancher cet appareil ?
- Oui, mais il vous faut un adaptateur.

Hello? Who is speaking, please?
- **Can I plug in this equipment?**
- **Yes, but you will need an adapter.**

l'appareil photo	**camera**	['kæmərə]
la photo	**photo**	['fəʊtəʊ]
la pellicule, le film	**film**	[fɪlm]
le flash	**flash**	[flæʃ]
la pile, la batterie	**battery**	['bætərɪ]
filmer	**to film**	[fɪlm]
enregistrer	**to record**	[rɪ'kɔːd]
l'enregistrement vidéo	**video recording**	['vɪdɪəʊ rɪ'kɔːdɪŋ]
la bande vidéo	**video-tape**	['vɪdɪəʊ teɪp]
la cassette vidéo	**video cassette**	['vɪdɪəʊ kæ'set]
le caméscope	**camcorder**	['kæm‚kɔːdər]
	video camera	['vɪdɪəʊ 'kæmərə]
rembobiner	**to rewind**	[‚riː'waɪnd]

prendre une photo
As-tu pris cette photo ?
Il fait beaucoup de photos.
Ne bougez pas pour la photo !
Souriez !
Pouvez-vous nous prendre en photo ?
Il filme tout ce qu'il voit.
Je dois changer les piles.
La batterie du caméscope est déchargée.
L'appareil marche sur pile et sur secteur.
Cet appareil ne fonctionne pas.
Savez-vous où je peux le faire réparer ?
On ne peut pas le réparer.

to take a photo
Did you take this photo?
He takes lots of photos.
Don't move during the photo! Smile!
Can you take a photo of us?

He films everything he sees!
I have to change the batteries.
The battery of the video-camera is flat.
This equipment runs off batteries or the mains.
This equipment is not working.
Do you know where I can get it repaired?
We can't repair it.

9. LA VIE URBAINE

la ville	**town**	[taʊn]
la (grande) ville	**city**	[ˈsɪtɪ]
la capitale	**capital (city)**	[ˈkæpɪtl ˈsɪtɪ]
le centre-ville	**town centre,** *downtown*	[taʊn ˈsentər] [daʊntaʊn]
urbain; citadin	**urban**	[ˈɜːbn]
le citadin	**town-dweller**	[ˈtaʊnˌdwelər]
le quartier	**district**	[ˈdɪstrɪkt]
la rue	**street**	[striːt]
la route	**road**	[rəʊd]
la ruelle	**lane**	[leɪn]
l'impasse	**dead-end (street)**	[ded end striːt]
la chaussée	**carriageway**	[ˈkærɪdʒˌweɪ]
le trottoir	**pavement,** *sidewalk*	[ˈpeɪvmənt] [ˈsaɪdwɔːk]
le piéton	**pedestrian**	[pɪˈdestrɪən]
la zone piétonne	**pedestrian precinct**	[pɪˈdestrɪən priːsɪŋkt]
traverser la rue	**to cross the road**	[krɒs ðə rəʊd]
le passage pour piétons	**zebra crossing**	[ˈzebrə ˈkrɒsɪŋ]
le passage sou-terrain	**subway** *underpass*	[ˈsʌbweɪ] [ˈʌndəpɑːs]
la passerelle	**footbridge**	[ˈfʊtbrɪdʒ]
le périphérique	**ring road**	[rɪŋ rəʊd]
les feux tricolores	**traffic lights**	[ˈtræfɪk laɪts]
le carrefour	**crossroads**	[ˈkrɒsrəʊdz]
le parking	**car-park**	[kɑːr pɑːk]
la place de parking	**parking-space**	[ˈpɑːkɪŋ speɪs]
stationner	**to park**	[pɑːk]
l'espace vert	**park**	[pɑːk]
la mairie	**town hall, city hall**	[taʊn hɔːl] [ˈsɪtɪ hɔːl]
le bureau de poste	**post office**	[pəʊst ˈɒfɪs]
la gare	**railway station**	[ˈreɪlweɪ ˈsteɪʃn]
le pont	**bridge**	[brɪdʒ]
la maison	**house**	[haʊs]

le bâtiment	**building**	['bɪldɪŋ]
le gratte-ciel	**skyscraper**	['skaɪskreɪpər]
la banlieue	**suburb**	['sʌbɜːb]
banlieusard	**suburban**	[sə'bɜːbən]
l'agglomération	**conurbation**	[kɒnɜː'beɪʃən]

Il est difficile de se garer.	**It is difficult to park.**
Il est interdit de stationner ici.	**It is forbidden to park here.**
Stationnement interdit.	**No Parking.**
le parking souterrain	**underground car park**
Où est la gare routière ?	**Where is the bus station?**
Avez-vous un plan de la ville ?	**Do you have a street map?**
Où est la gare, s'il vous plaît ?	**Where is the station, please?**
Allez jusqu'au prochain feu rouge !	**Go on to the next red light!**
Là, vous tournez à droite.	**There, you turn right.**
Prenez ensuite la deuxième rue à gauche.	**Next, take the second road on the left.**
Après, c'est toujours tout droit !	**After that, you drive straight on.**
- Combien de temps faut-il à pied ?	**- How long does it take on foot ?**
- À pied, il faut environ un quart d'heure.	**- On foot, it takes about a quarter of an hour.**
Attention ! Le feu est rouge !	**Be careful! The traffic lights are red!**
Attention, c'est une rue à sens unique !	**Be careful, it is a one-way street!**
Il est interdit de tourner à droite.	**It is forbidden to turn right.**
Pouvez-vous me conduire à la gare ?	**Can you drive me to the station?**
Où est le prochain arrêt de bus ?	**Where is the next bus stop?**
Où est la prochaine station de métro ?	**Where is the next underground station?**
- Non, mais il y a un tramway.	**- No, but there is a tramway.**
En ville il y a beaucoup de circulation.	**In town there is a lot of traffic.**
La vitesse est limitée à 50 km/h.	**The speed limit is fifty kilometers per hour.**
Où y a-t-il un parking ?	**Is there a car park anywhere?**

10. LA CIRCULATION (1)

la circulation	**traffic**	['træfɪk]
l'embouteillage	**traffic jam**	['træfɪk dʒæm]
l'usager de la route	**road-user**	[rəʊd'juːʒər]
la route	**road**	[rəʊd]
l'autoroute	**motorway,** *freeway*	['məʊtəweɪ] ['friːweɪ]
la rue à sens unique	**one-way-street**	[wʌn weɪ striːt]
le permis de conduire	**driving licence**	['draɪvɪŋ 'laɪsəns]
le retrait de permis	**driving ban**	['draɪvɪŋ bæn]
l'auto-école	**driving school**	['draɪvɪŋ skuːl]
le code de la route	**highway code**	['haɪweɪ kəʊd]
l'automobiliste	**[car] driver = motorist**	[kɑːr 'draɪvər] ['məʊtərɪst]
conduire	**to drive**	[draɪv]
la marque (de voiture)	**make [of car]**	[meɪk əv kɑːr]
la voiture d'occasion	**second-hand car**	['sekəndhænd]
le siège	**seat**	[siːt]
le volant	**steering wheel**	['stɪərɪŋ wiːl]
le démarreur	**starter**	['stɑːtər]
le levier de vitesses	**gear lever**	[gɪər 'liːvər]
la vitesse	**gear**	[gɪər]
la marche arrière	**reverse gear**	[rɪ'vɜːs gɪər]
passer la première vitesse	**to engage first [gear]**	[gɪər]
la pédale	**pedal**	['pedl]
l'accélérateur	**accelerator** *gas pedal*	[ək'seləreɪtər] [gæs 'pedl]
accélérer	**to accelerate**	[ək'seləreɪt]
le compteur	**speedometer**	[spiː'dɒmɪtər]
l'embrayage	**clutch**	[klʌtʃ]
le frein (à main)	**(hand-)brake**	['hænd breɪk]
freiner	**to brake**	[breɪk]
la roue	**wheel**	[wiːl]
le pneu	**tyre**	['taɪər]
la crevaison	**puncture**	['pʌŋktʃər]

le cric	**jack**	[dʒæk]
le rétroviseur	**rear-view mirror**	[rɪər vjuː 'mɪrər]
le pare-brise	**windscreen**	['wɪndskriːn]
	windshield	['wɪndʃiːld]
l'essuie-glace	**windscreen wiper**	['wɪndskriːn 'waɪpər]
le phare	**headlight**	['hedlaɪt]
le clignotant	**indicator**	['ɪndɪkeɪtər]
le capot	**bonnet,** *hood*	['bɒnɪt] [hʊd]
le coffre	**boot,** *trunk*	[buːt] trʌŋk]
le pare-chocs	**bumper**	['bʌmpər]
le klaxon	**horn**	[hɔːn]
la consommation	**consumption**	[kən'sʌmpʃən]
l'essence	**petrol,** *gasoline*	['petrəl] ['gæsəliːn]
sans plomb	**unleaded**	[ʌn'ledɪd]
faire le plein	**to fill (the tank) up**	[fɪl ʌp]
la station-service	**filling station**	['fɪlɪŋ 'steɪʃən]
	= petrol station	['petrəl 'steɪʃən]
	= services	['sɜːvɪsɪz]
le pompiste	**petrol pomp attendant**	['petrəl pɒmp ə'tendənt]
la vidange	**oil change**	[ɔɪl 'tʃeɪndʒ]

- Je voudrais louer une voiture.	- I would like to hire a car.
- Montrez-moi votre permis de conduire !	- Show me your driving licence!
- Le voici.	- Here it is.
- Voilà les clés de la voiture.	- Here are the car keys.
Je dois faire le plein.	I have to fill the tank up.
Où est la prochaine station-service ?	Where is the next petrol station?
J'aimerais prendre vingt litres d'essence.	I would like twenty litres of petrol.
Pouvez-vous nettoyer le pare-brise ?	Can you clean the windscreen?
Pouvez-vous appeler un taxi ?	Can you call a taxi?
Que signifie ce panneau ?	What does this sign mean?

11. LA CIRCULATION (2)

la plaque d'imma-	**number plate**	['nʌmbər pleɪt]
triculation	*license plate*	['laɪsəns pleɪt]
le carrefour	**crossroads**	['krɒsrəʊdz]
le virage	**bend**	[bend]
la signalisation routière	**road signs**	[rəʊd saɪns]
la direction	**direction**	[dɪ'rekʃən]
tout droit	**straight on =**	[streɪt ɒn]
	straight ahead	[streɪt ə'hed]
à gauche	**left**	[left]
à droite	**right**	[raɪt]
tourner à droite	**to turn [off to the]**	[[tɜːn ɒv ðə raɪt]
	right	
Sens interdit	**one-way street**	[wʌn weɪ striːt]
autorisé	**allowed, permitted**	[ə'laʊd] [pə'mɪtɪd]
la déviation	**deviation**	[diːvɪ'eɪʃən]
le (panneau) stop	**stop sign**	[stɒp saɪn]
la priorité	**right of way**	[raɪt əv weɪ]
respecter la priorité	**to observe the right of way**	[əb'zɜːv]
les feux tricolores	**traffic lights**	['træfɪk laɪts]
un feu rouge	**a red light**	[red laɪt]
griller un feu rouge	**to jump the lights**	[dʒʌmp ðə laɪts]
brûler (stop, feu rouge)	**to go through**	[gəʊ θruː]
dépasser, doubler	**to overtake**	['əʊvəˌteɪk]
écraser	**to run over**	[rʌn 'əʊvə]
renverser	**to knock down**	[nɒk daʊn]
entrer en collision avec	**to collide with**	[kə'laɪd wɪð]
la collision	**collision**	[kə'lɪʒən]
blesser	**to injure**	['ɪndʒər]
l'accident	**accident**	['æksɪdənt]
l'ambulance	**ambulance**	['æmbjʊləns]
la victime	**victim**	['vɪktɪm]
faire des victimes	**to claim victims**	[kleɪm 'vɪktɪmz]
la ceinture de sécurité	**seat belt**	[siːt belt]
	= safety belt	['seɪftɪ belt]

la vitesse	**speed**	[spiːd]
la limitation de vitesse	**speed limit**	['spiːd 'lɪmɪt]
déraper	**to skid**	[skɪd]
le verglas	**black ice**	[blæk aɪs]
l'amende	**fine**	[faɪn]
attacher sa ceinture	**to fasten one's seat belt**	['fɑːsən]

- Sommes-nous sur la bonne route ?

- Are we on the right road?

- Non, vous vous êtes trompés.

- No, you have made a mistake.

Vous êtes sur la mauvaise route.

You are not on the right road.

Vous devez faire demi-tour.

You should turn around.

À quelle distance se trouve cette ville ?

How far is this town?

Il roule très vite.

He is driving (He drives) very fast.

Tu roules trop vite.

You are driving (You drive) too fast.

Tu dois réduire la vitesse.

You should reduce your speed.

Tu vas avoir un accident.

You are going to have an accident.

Ralentis ! Il commence à pleuvoir.

Slow down! It is starting to rain.

Nous avons eu un accident.

We have had an accident.

Y a-t-il des blessés ?

Are there any casualties?

Non, il n'y a que des dégâts matériels.

No, there is just some damage to the car.

Ce n'est pas grave.

It's nothing serious.

Ce n'est pas de ma faute !

It isn't my fault!

Je n'ai pas fait exprès !

I didn't do it on purpose!

Avez-vous les papiers de la voiture ?

Do you have the necessary paperwork?

Est-ce que votre voiture est assurée ?

Is your car insured?

Il faut remplir un constat (amiable).

You have to fill in an insurance form at the scene of the accident.

12. LES MOYENS DE TRANSPORT

le véhicule	**vehicle**	[ˈviːɪkl]
la voiture	**car**	[kɑːr]
la voiture de tourisme	**[private] car**	[ˈpraɪvɪtkɑːr]
	motorcar	[ˈməʊtəˌkɑːr]
le poids lourd, le camion	**lorry, *truck***	[ˈlɒrɪ] [trʌk]
la remorque	**trailer**	[ˈtreɪlər]
faire du stop	**to hitch-hike, to hitch**	[ˈhɪtʃˌhaɪk] [hɪtʃ]
l'autostoppeur	**hitch-hiker**	[ˈhɪtʃˌhaɪkər]
la moto	**motorbike**	[ˈməʊtəˌbaɪk]
la mobylette	**moped**	[ˈməʊped]
la bicyclette	**bicycle, bike**	[ˈbaɪsɪkl] [baɪk]
faire du vélo	**to cycle**	[ˈsaɪkl]
	= to ride a bicycle	[raɪd ə ˈbaɪsɪkl]
le cycliste	**cyclist**	[ˈsaɪklɪst]
la piste cyclable	**cycle track**	[ˈsaɪkl træk]
les transports publics	**public transport**	[ˈpʌblɪk ˈtrænspɔːt]
l'autobus / l'autocar	**bus / coach**	[bʌs] [kəʊtʃ]
l'arrêt (d'autobus)	**(bus) stop**	[bʌs stɒp]
le tramway	**tram, *street-car***	[træm] [ˈstriːtkɑːr]
le métro	**underground, *subway***	[ˈʌndəˌgraʊnd] [ˈsʌbweɪ]
la station de métro	**underground station**	[ˈsteɪʃən]
le train	**train**	[treɪn]
le chemin de fer	**railway, *railroad***	[ˈreɪlweɪ] [ˈreɪlrəʊd]
la gare	**railway station**	[ˈreɪlweɪ ˈsteɪʃən]
le quai	**platform**	[ˈplætfɔːm]
le wagon	**carriage**	[ˈkærɪdʒ]
dérailler	**to be derailed**	[biː dɪˈreɪld]
le déraillement	**derailment**	[dɪˈreɪlmənt]

Je voyage souvent en train. **I travel by train often.**
Le train pour Paris part sur le quai n°2. **The train for Paris will leave from platform number 2.**

34

- Je voudrais un billet pour Londres.	- I would like a ticket to London.	
- Aller simple ou aller et retour ?	- A single or a return? *- One way or round trip?*	
Puis-je voir votre billet, SVP ?	Can I see your ticket, please?	
Vous devez changer de train à Manchester.	You must change trains at Manchester.	
Attention ! Le train entre en gare.	Beware of the arriving train.	
Nous avons raté le train.	We have missed the train.	
Nous allons devoir prendre le suivant.	We are going to have to take the next one.	

l'avion	**plane, aircraft**	[pleɪn] ['eəkrɑ:ft]
l'aéroport	**airport**	['eəpɔːt]
le pilote	**pilot**	['paɪlət]
l'hôtesse de l'air	**air hostess**	['eə ˌhəʊstɪs]
décoller	**to take off**	[teɪk ɒf]
atterrir, se poser	**to land**	[lænd]
l'atterrissage	**landing**	['lændɪŋ]
s'écraser	**to crash**	[kræʃ]
la boîte noire	**flight recorder**	[flaɪt rɪ'kɔːdər]

Le vol est annulé.	**The flight is cancelled.**
Le vol est retardé.	**The flight is delayed.**
Notre avion décolle à 15 heures.	**Our plane takes off at three o'clock.**
Le contrôle des bagages est très long.	**The baggage check-in takes a long time.**
Attachez vos ceintures, SVP !	**Fasten your seatbelts, please.**
Il y a parfois des turbulences.	**There is sometimes turbulence.**

le bateau - le navire	**boat -ship**	[bəʊt] [ʃɪp]
le port	**port, harbour**	[pɔːt] ['hɑːbər]
la croisière	**cruise**	[kru:z]
le bateau de croisière	**cruise ship**	['kru:z ʃɪp]
le capitaine	**captain**	['kæptɪn]
l'équipage	**crew**	[kru:]

Nous allons bientôt accoster.	**We will dock soon**

13. MANGER ET BOIRE

la nourriture	**food**	[fuːd]
manger	**to eat**	[iːt]
la faim	**hunger**	['hʌŋgər]
J'ai faim.	**I am hungry.**	['hʌŋgrɪ]
la soif	**thirst**	[θɜːst]
J'ai soif.	**I am thirsty.**	['θɜːstɪ]
boire	**to drink**	[drɪŋk]
la boisson	**drink**	[drɪŋk]
digérer	**to digest**	[daɪ'dʒest]
la digestion	**digestion**	[dɪ'dʒestʃən]
l'eau	**water**	['wɔːtər]
l'eau gazeuse	**sparkling water**	['spɑːklɪŋ 'wɔːtər]
l'eau plate	**still water**	[stɪl 'wɔːtər]
le jus (de fruit)	**(fruit) juice**	[fruːt dʒuːs]
le vin	**wine**	[waɪn]
le vin rouge	**red wine**	[red waɪn]
le vin blanc	**white wine**	[waɪt waɪn]
le (vin) rosé	**(wine) rosé**	[waɪn rəʊ'ze]
la bière	**beer**	[bɪər]
la bière blonde	**bitter / lager**	['bɪtər] ['lɑːgər]
la bière brune	**mild**	[maɪld]
la bière à la pression	**draught beer**	[drɑːft bɪər]
lever son verre	**to raise one's glass**	[reɪz wʌns glɑːs]
trinquer	**to clink glasses**	[klɪŋk 'glɑːsɪz]
l'apéritif	**aperitif**	[əperɪ'tiːf]
À votre santé !	**Your (good) health!**	[jɔːr gʊd helθ]
À la vôtre !	**Cheers!**	[tʃɪərz]
Le verre est vide.	**The glass is empty.**	[ðə glɑːs ɪz 'emptɪ]
les couverts	**knives and forks**	[naɪvz ənd fɔːks]
le couteau	**knife**	[naɪf] [naɪvz]
couper	**to cut**	[kʌt]
la lame	**blade**	[bleɪd]
la fourchette	**fork**	[fɔːk]
la cuiller	**spoon**	[spuːn]

la petite cuiller	**tea-spoon**	[ˈtiː spuːn]
le verre	**glass**	[glɑːs]
la bouteille	**bottle**	[ˈbɒtl]
l'assiette	**plate**	[pleɪt]
la tasse	**cup**	[kʌp]
la soucoupe	**saucer**	[ˈsɔːsər]
la coupe, le bol	**bowl**	[bəʊl]
le plat	**dish**	[dɪʃ]
la soupe	**soup**	[suːp]
le café - le lait	**coffee - milk**	[ˈkɒfɪ] [mɪlk]
avec ou sans lait ?	**with or without milk?**	[wɪð ɔːr wɪð'aʊt mɪlk]
le chocolat (chaud)	**(hot) chocolate**	[hɒt ˈtʃɒklɪt]
le thé	**tea**	[tiː]
la cafetière	**coffee pot**	[ˈkɒfɪ pɒt]
la théière	**teapot**	[ˈtiːpɒt]
le sucre - le sel	**sugar - salt**	[ˈʃʊgər] [sɔːlt]
le poivre	**pepper**	[ˈpepər]
le pain	**bread**	[bred]
le beurre	**butter**	[ˈbʌtər]
la confiture	**jam**	[dʒæm]
le miel	**honey**	[ˈhʌnɪ]
le sucrier	**sugar bowl**	[ˈʃʊgər bəʊl]
la poivrière	**pepper pot**	[ˈpepər pɒt]
la salière	**salt cellar**	[sɔːlt ˈselər]
le beurrier	**butterdish**	[ˈbʌtədɪʃ]
l'huile - le vinaigre	**oil - vinegar**	[ɔɪl] [ˈvɪnɪgər]
la moutarde	**mustard**	[ˈmʌstəd]
le saladier	**salad bowl**	[ˈsæləd bəʊl]

Quand j'ai faim, je mange.	**When I am hungry, I eat.**
Quand j'ai soif, je bois.	**When I am thirsty, I drink.**
As-tu quelque chose à manger ?	**Do you have anything to eat?**
Qu'y a-t-il à manger aujourd'hui ?	**What is there to eat today?**
Il boit un verre d'eau.	**He is drinking a glass of water.**
Est-ce que l'eau est potable ?	**Is the water safe to drink?**

14. LES REPAS

le repas	**meal**	[miːl]
le petit-déjeuner	**breakfast**	['brekfəst]
prendre le petit-déjeuner	**to have breakfast**	['brekfəst]
le déjeuner	**lunch**	[lʌntʃ]
le souper	**supper**	['sʌpər]
le plat, le mets	**dish**	[dɪʃ]
le hors d'œuvre, l'entrée	**hors d'oeuvre** **starter**	[ɔːˈdɜːv] ['stɑːtər]
le plat principal	**main course**	[meɪn kɔːs]
la viande	**meat**	[miːt]
la viande de mouton	**mutton**	['mʌtn]
la viande de porc	**pork**	[pɔːk]
la viande de boeuf	**beef**	[biːf]
la viande de veau	**veal**	[viːl]
l'agneau	**lamb**	[læm]
le jambon	**ham**	[hæm]
la saucisse	**sausage**	['sɒsɪdʒ]
le rôti	**roast**	[rəʊst]
la côtelette	**cutlet**	['kʌtlɪt]
le poisson	**fish**	[fɪʃ]
la truite - la sole	**trout - sole**	[traʊt] [səʊl]
la sardine	**sardine**	[sɑːˈdiːn]
le hareng	**herring**	['herɪŋ]
le maquereau	**mackerel**	['mækrəl]
le saumon	**salmon**	['sæmən]
la crevette	**shrimp, prawn**	[ʃrɪmp] [prɔːn]
l'écrevisse, la langouste	**crayfish,** *crawfish*	['kreɪfɪʃ] ['krɔːfɪʃ]
le homard	**lobster**	['lɒbstər]
le mollusque	**mollusc**	['mɒləsk]
le crustacé	**shellfish**	['ʃelfɪʃ]
la coquille	**shell**	[ʃel]
la moule	**mussel**	['mʌsl]
l'huître	**oyster**	['ɔɪstər]

la coquille Saint-Jacques	scallop	[ˈskɒləp]
les pâtes	pasta	[ˈpæstə]
l'œuf	egg	[eg]
le riz	rice	[raɪs]
le légume	vegetable	[ˈvedʒɪtəbl]
la pomme de terre	potato	[pəˈteɪtəʊ]
les frites	chips	[tʃɪps]
le steak-frites	steak and chips	[steɪk ənd tʃɪps]
la tomate	tomato	[təˈmɑːtəʊ]
la carotte	carrot	[ˈkærət]
le (petit) pois	pea	[piː]
le haricot vert	French bean	[biːn]
le haricot blanc	kidney bean = haricot bean	[ˈkɪdnɪ biːn] [ˈhærɪkəʊ biːn]
la salade	salad	[ˈsæləd]
l'épinard	spinach	[ˈspɪnɪdʒ]
le poireau	leek	[liːk]
le chou	cabbage	[ˈkæbɪdʒ]
le chou-fleur	cauliflower	[ˈkɒlɪflaʊər]
le chou de Bruxelles	Brussels sprout	[ˈbrʌslz spraʊt]
l'asperge	asparagus	[əˈspærəgəs]
l'artichaut	artichoke	[ˈɑːtɪtʃəʊk]
l'ail - l'oignon	garlic - onion	[ˈgɑːlɪk] [ˈʌnjən]
le persil	parsley	[ˈpɑːslɪ]
le fromage	cheese	[tʃiːz]
le dessert	dessert	[dɪˈzɜːt]
la glace	ice cream	[ˈaɪs kriːm]
le gâteau	cake	[keɪk]
sucré	sweet	[swiːt]
le fruit	fruit	[fruːt]
la peau, la pelure	skin, peel	[skɪn] [piːl]
la pomme - la poire	apple - pear	[ˈæpl] [peər]
la prune	plum	[plʌm]
l'abricot	apricot	[ˈeɪprɪkɒt]
la cerise	cherry	[ˈtʃerɪ]

14. LES REPAS (suite)

la pêche	**peach**	[pi:tʃ]
l'orange	**orange**	['ɒrɪndʒ]
le pamplemousse	**grapefruit**	['greɪpfru:t]
le citron	**lemon**	['lemən]
la mandarine	**mandarin, tangerine**	['mændərɪn]
		[ˌtændʒə'ri:n]
la banane	**banana**	[bə'nɑ:nə]
l'ananas	**pineapple**	['paɪnˌæpl]
la fraise	**strawberry**	['strɔːbərɪ]
la framboise	**raspberry**	['rɑːzbərɪ]
le (grain de) raisin	**grape**	[greɪp]
le raisin sec	**raisin**	['reɪzən]
la noix	**nut**	[nʌt]
la cacahuète	**peanut**	['piːnʌt]
la noisette	**hazelnut**	['heɪzlnʌt]

15. AU RESTAURANT

Où puis-je trouver un restaurant ?	**Where can I find a restaurant?**
Ici, il y a un bon restaurant.	**There is a good restaurant here.**
Le restaurant est ouvert.	**The restaurant is open.**
Cette table est-elle libre ?	**Is this table free?**
Nous avons réservé une table pour deux.	**We booked a table for two.**
Garçon, puis-je avoir la carte ?	**Waiter, can I have the menu?**
Donnez-moi aussi la carte des vins !	**Give me the wine list as well!**
Que nous recommandez-vous ?	**What do you recommend?**
Ceci est notre plat national.	**This is our national dish.**
Quel est le plat du jour ?	**What is the dish of the day?**
- Que désirez-vous comme boisson ?	**- What would you like to drink?**
- Une bière et un verre de vin rouge.	**- A beer and a glass of red wine.**

- Bière à la pression ou en bouteille ?	- A draught beer or a bottled beer?
Quelle cuisson désirez-vous ?	How would you like it cooked?
À point ? Bien cuit ? Saignant ?	Medium? Well-done? Rare?
Puis-je avoir un peu de moutarde ?	Can I have a little mustard?
J'aimerais avoir du pain, s'il vous plaît !	I would like some bread, please!
Ce que tu manges a l'air très bon.	What you are eating looks very good.
Est-ce que je peux goûter ?	Can I try some?
- J'adore la cuisine française.	- I love French cuisine (*ou* cooking).
- Moi, je préfère la cuisine chinoise !	- I prefer Chinese cuisine (*ou* cooking).
- J'ai encore faim.	- I am still hungry.
- Moi aussi !	- Me too!
- Je n'ai plus faim.	- I am no longer hungry.
- Moi non plus !	- Me neither!
Je mangerais bien un gâteau.	I'd like to eat a cake.
- Est-ce que c'était bon ?	- Was it good?
- Le repas était excellent.	- The meal was excellent.
La viande était un peu trop cuite.	The meat was a little over-cooked.
Pouvez-vous m'apporter un verre ?	Can you bring me a glass?
Pourrais-je avoir une autre bouteille ?	Could I have another bottle?
As-tu (*ou* Avez-vous) déjà goûté cette boisson ?	Have you already tasted this drink?
Champagne pour tout le monde !	Champagne for everybody!
C'est ma tournée !	It's my round!
- Désirez-vous encore autre chose ?	- Would you like anything else?
- Non, merci. Ce sera tout.	- No, thank you. That will be all.
J'ai assez bu pour aujourd'hui !	I have drunk enough for today!
L'addition, s'il vous plaît !	The bill, please!
Le service est compris.	Service is included.
Mais on peut laisser un pourboire !	But we can leave a tip!
Où sont les toilettes, s'il vous plaît ?	Where are the toilets, please?

16. À L'HÔTEL

l'hôtel	**hotel**	[həʊ'tel]
complet	**full = no vacancy**	[fʊl] [neʊ 'veɪkənsɪ]
la chambre	**room**	[ru:m]
disponible	**available**	[ə'veɪləbl]
la chambre individuelle	**single room**	['sɪŋgl ru:m]
a chambre double	**l double room**	['dʌbl ru:m]
le lit	**bed**	[bed]
les lits jumeaux	**twin beds**	[twɪn bedz]
le grand lit	**large bed** **double bed**	[lɑ: dʒ bed] ['dʌblbed]
la salle de bains	**bathroom**	['bɑ:θru:m]
la douche	**shower**	['ʃaʊər]
le robinet	**tap, *faucet***	[tæp] ['fɔ:sɪt]
la climatisation	**air-conditioning**	[eər kən'dɪʃənɪŋ]
la demi-pension	**half-board**	[hɑ:f bɔ:d]
la pension complète	**full-board**	[fʊl bɔ:d]
l'hébergement	**accommodation**	[ekɒmə'deɪʃən]
la réception	**reception**	[rɪ'sepʃən]
réserver	**to book, to reserve**	[bʊk] [rɪ'zɜ:v]
la réservation	**booking**	['bʊkɪŋ]
payer d'avance	**to pay in advance**	[əd'vɑːns]
verser un acompte	**to pay a deposit**	[dɪ'pɒzɪt]
séjourner, rester	**to stay**	[steɪ]
le séjour	**stay**	[steɪ]
les bagages	**luggage**	['lʌgɪdʒ]]
porter les bagages	**to carry the luggage**	['kærɪ]
régler et quitter l'hôtel	**to check out**	[tʃək aʊt]

passer la nuit à l'hôtel	**to stay the night at a hotel** **to spend the night at a hotel**
descendre à l'hôtel	**to put up at a hotel**
avoir une chambre libre	**to have a vacancy**
- Avez-vous encore des chambres libres ?	**- Do you still have any rooms available ?**

- Désolé, l'hôtel est complet.	- **Sorry, the hotel is fully booked.**
Deux chambres sont encore disponibles.	**We still have two rooms left.**
Nous aimerions une chambre double.	**We would like a double room.**
J'aimerais réserver une chambre individuelle.	**I'd like to book a single room.**
La chambre coûte 100 livres (£).	**The room costs 100 pounds.**
C'est beaucoup trop cher pour moi.	**It's much too expensive for me.**
Avez-vous quelque chose de moins cher ?	**Do you have anything cheaper?**
C'est la seule chambre qu'il nous reste.	**It's the only room we have left.**
- Pouvons-nous voir la chambre ?	- **Can we see the room?**
- Voici la clé de la chambre.	- **Here is the key to the room.**
La chambre est au deuxième étage.	**The room is on the second floor.**
La chambre nous plaît. Nous la prenons.	**We like the room. We'll take it.**
- Combien de temps pensez-vous rester ?	- **How long are you thinking of staying?**
- Nous resterons deux ou trois jours.	- **We're staying for two or three days.**
- Je vous souhaite un agréable séjour.	- **I wish you a pleasant stay.**
Le petit-déjeuner est inclus.	**Breakfast is included.**
Jusqu'à quelle heure peut-on déjeuner ?	**Until what time is breakfast served?**
Ne pas déranger	**Don't disturb!**
Vous pouvez faire la chambre, s'il vous plaît.	**Please clean the room.**
Le robinet ne fonctionne pas. Il est cassé.	**The tap (= the faucet) doesn't work. It is broken.**
Pouvez-vous me réveiller à six heures ?	**Can you wake me at six o'clock?**
À quelle heure dois-je quitter la chambre ?	**By what time do I have to check out?**
Êtes-vous satisfait de votre séjour ?	**Are you satisfied with your stay?**

17. LES ACHATS - LE COMMERCE

le magasin	**shop,** *store*	[ʃɒp] [stɔ:r]
la chaîne de magasins	**chain of shops**	[tʃeɪn əv ʃɒps]
le grand magasin	**department store**	[dɪ'pɑ:tmənt stɔ:r]
le supermarché	**supermarket**	['su:pə,mɑ:kɪt]
le marché	**market**	['mɑ:kɪt]
le centre commercial	**shopping centre** **(shopping) mall**	['ʃɒpɪŋ 'sentər] ['ʃɒpɪŋ mɔ:l]
la vitrine	**shop window**	[ʃɒp 'wɪndəʊ]
la rue commerçante	**shopping street**	['ʃɒpɪŋ stri:t]
les heures d'ouverture	**hours of business** **= opening times**	['bɪznɪs] ['əʊpnɪŋ taɪmz]
ouvert toute la journée	**open all day**	['əʊpən ɔ:l deɪ]
la publicité	**advertising**	['ædvətaɪzɪŋ]
la réclame	**advertisement**	[əd'vɜ:tɪsmənt]
le caddie	**trolley**	['trɒlɪ]
le sac à provisions	**shopping bag**	['ʃɒpɪŋ bæg]
la boulangerie	**the baker's (shop)**	[ðə 'beɪkəz ʃɒp]
la boucherie	**the butcher's (shop)**	[ðə 'bʊtʃəz ʃɒp]
le commerçant	**shopkeeper**	['ʃɒp,ki:pər]
l'épicier	**grocer**	['grəʊsər]
le boulanger	**baker**	['beɪkər]
le confiseur	**confectioner**	[kən'fekʃənər]
le boucher	**butcher**	['bʊtʃər]
le poissonnier	**fishmonger**	['fɪʃmʌŋgər]
le fleuriste	**florist**	['flɒrɪst]
le bijoutier	**jeweller**	['dʒu:ələr]
le libraire	**bookseller**	['bʊkselər]
le rayon (d'un magasin)	**department**	[dɪ'pɑ:tmənt]
le vendeur	**seller, salesman,** **shop-assistant**	['selər] ['seɪlzmən] [ʃɒp ə'sɪstənt]
la vendeuse	**saleswoman**	['seɪlz,wʊmən]
les achats, les emplettes	**purchases** **= shopping**	['pɜ:tʃəsɪz] ['ʃɒpɪŋ]
ꞁller faire des achats	**to go shopping**	['ʃɒpɪŋ]

acheter en solde	**to buy in the sales**	[seɪlz]
la marchandise	**merchandise, goods**	['mɜːtʃəndaɪz] [gʊdz]
l'article	**item**	['aɪtəm]
le produit	**product**	['prɒdʌkt]
le producteur, le fabricant	**producer**	[prə'djuːsər]
produire, fabriquer	**to produce**	['prɒdjuːs]
le consommateur	**consumer**	[kən'sjuːmər]
consommer	**to consume**	[kən'sjuːm]
les biens de consommation	**consumer goods**	[gʊdz]
la société de consommation	**consumer society**	[sə'saɪətɪ]
disponible (en stock)	**available**	[ə'veɪləbl]
épuisé, non disponible	**sold out** **= out of stock**	[səʊld aʊt] [aʊt əv stɒk]
la caisse (enregistreuse)	**cash-desk, till**	[kæʃ desk] [tɪl]
la caisse (supermarché)	**check-out**	[tʃek aʊt]
la caissière	**cashier**	[kæ'ʃɪər]
compter	**to count**	[kaʊnt]
la facture	**invoice**	['ɪnvɔɪs]
le client	**customer, client**	['kʌstəmər] ['klaɪənt]
commander	**to order**	['ɔːdər]
la commande	**order**	['ɔːdər]
livrer	**to deliver**	[dɪ'lɪvər]
la livraison	**delivery**	[dɪ'lɪvərɪ]
le délai de livraison	**delivery time**	[dɪ'lɪvərɪ taɪm]
la taxe sur la valeur ajoutée, la TVA	**value added tax, VAT**	['væljuː 'ædɪd tæks] [viː eɪ tiː]
le cadeau	**present = gift**	['prezənt] [gɪft]
le souvenir	**souvenir**	[suːvə'nɪər]
Fait à la main.	**Hand made.**	['hænd meɪd]
Fabriqué en Chine.	**Made in China.**	[meɪd ɪn 'tʃaɪnə]
Artisanat local.	**Local craft.**	['ləʊkəl krɑːft]

18. L'ARGENT - LES PRIX

l'argent	**money**	['mʌnɪ]
le prix	**price**	[praɪs]
gratuit	**free**	[fri:]
payant	**paying**	['peɪɪŋ]
la livre sterling	**pound sterling**	[paʊnd 'stɜ:lɪŋ]
l'euro	**euro**	['jʊərəʊ]
le billet	**note**	[nəʊt]
la pièce de monnaie	**coin**	[kɔɪn]
le distributeur de billets	**cash machine**	[kæʃ məˈʃi:n]
la carte de crédit	**credit card**	['kredɪt kɑ:d]
le fric, le pognon	**cash, dough**	[kæʃ] [dəʊ]
le bénéfice	**profit**	['prɒfɪt]
la marge bénéficiaire	**profit margin**	['prɒfɪt 'mɑ:dʒɪn]
coûter	**to cost (cost)**	[kɒst] [kɒst]
bon marché	**cheap**	[tʃi:p]
le prix exceptionnel	**bargain price**	['bɑ:gɪn praɪs]
la bonne affaire	**good bargain**	[gʊd 'bɑ:gɪn]
cher, coûteux	**expensive**	[ɪk'spensɪv]
le marchandage	**bargaining, haggling**	['bɑ:gɪnɪŋ] ['hæglɪŋ]
marchander	**to haggle, to bargain**	['hægl] ['bɑ:gɪn]
payer	**to pay**	[peɪ]
le commerce	**trade**	[treɪd]
le commerce de détail	**retail trade**	['ri:teɪl treɪd]
le commerce de gros	**wholesale**	['həʊlseɪl]
le grossiste	**wholesaler**	['həʊlˌseɪlər]
le marchand	**trader, merchant**	['treɪdər] ['mɜ:tʃənt]
vendre	**to sell**	[sel]
la vente	**sale, selling**	[seɪl] ['selɪŋ]
acheter	**to buy**	[baɪ]
	to purchase	['pɜ:tʃəs]
l'acheteur	**buyer, purchaser, shopper**	['baɪər] ['pɜ:tʃəsər] ['ʃɒpər]

le service après-vente	**after-sales service**
Je voudrais acheter ceci.	**I would like to buy this!**
Profitez-en, c'est une bonne affaire !	**Take advantage, it's a bargain!**
Est-ce que vous désirez autre chose ?	**Do you require anything else?**
Pouvez-vous un peu baisser le prix ?	**Can you lower the price slightly?**
Puis-je payer avec une carte de crédit ?	**May I pay with a credit card?**
Est-ce que je peux payer en liquide ?	**Can I pay in cash?**
Pourrais-je avoir une facture ?	**Can I have a receipt?**
- Combien est-ce que ça coûte ?	**- How much does it cost?**
- 17 euros et cinquante centimes.	**- Seventeen euros and fifty cents.**
- C'est très cher.	**- It's very expensive.**
C'est trop cher pour moi.	**It's too expensive for me.**
Avez-vous quelque chose de moins cher ?	**Have you got anything cheaper?**
Je n'ai pas assez d'argent.	**I don't have enough money.**
Combien d'argent as-tu ?	**How much money do you have?**
Peux-tu me donner quelques euros ?	**Can you give me a few euros?**
Est-ce que vous avez autre chose ?	**Do you have anything else?**
Avez-vous quelque chose de moins cher ?	**Do you have anything less expensive?**
Est-ce que je peux payer en dollars ?	**Can I pay with dollars?**
Vendez-vous aussi des habits ?	**Do you also sell clothes?**
Rendez-moi la monnaie, s'il vous plaît !	**Give me the change, please!**
Vous pouvez garder la monnaie.	**You can keep the change.**
Ce n'est vraiment pas cher.	**It's really not expensive.**
Peut-être, mais je n'ai plus d'argent.	**Maybe, but I have no money left.**
J'ai dépensé tout mon argent.	**I have spent all my money.**

19. LES HABITS

l'habit	**garment**	[ˈgɑːmənt]
les habits	**clothes**	[kləʊðz]
s'habiller	**to get dressed**	[get drest]
se déshabiller	**to undress [oneself]**	[wʌnˈself]
mettre (un habit)	**to put on**	[pʊt ɒn]
retirer (un habit)	**to take off**	[teɪk ɒf]
se changer	**to get changed**	[get ˈtʃeɪndʒd]
la mode	**fashion**	[ˈfæʃən]
à la mode	**fashionable**	[ˈfæʃnəbl]
démodé	**old-fashioned**	[ˈəʊldˈfæʃnd]
la chemise	**shirt**	[ʃɜːt]
la manche	**sleeve**	[sliːv]
le col	**collar**	[ˈkɒlər]
le pullover	**pullover, sweater**	[ˈpʊləʊvər] [ˈswetər]
la veste	**jacket**	[ˈdʒækɪt]
le gilet	**waistcoat, *vest***	[ˈweɪstkəʊt] [vest]
le costume	**suit**	[suːt]
la cravate	**tie**	[taɪ]
le noeud papillon	**bow tie**	[bəʊˈtaɪ]
le smoking	**dinner-jacket**	[ˈdɪnər ˈdʒækɪt]
le manteau	**coat, overcoat**	[kəʊt] [ˈəʊvəkəʊt]
l'imperméable	**raincoat, mackintosh**	[ˈreɪnkəʊt] [ˈmækɪntɒʃ]
le parapluie	**umbrella**	[ʌmˈbrelə]
le pantalon	**[pair of] trousers, *pants***	[ˈtraʊzəz] [pænts]
la jambe de pantalon	**trouser-leg, *pants leg***	[ˈtraʊzə leg] [pænts]
la ceinture	**belt**	[belt]
les bretelles	**braces, *suspenders***	[ˈbreɪsɪz] [səˈspendəz]
le bouton	**button**	[ˈbʌtn]
boutonner	**to button up**	[ˈbʌtn ʌp]
déboutonner	**to unbutton**	[ʌnˈbʌtn]
la fermeture-éclair	**zip [fastener], zipper**	[zɪp ˈfɑːsnər] [ˈzɪpər]

la poche	**pocket**	['pɒkɪt]
le mouchoir	**handkerchief**	['hæŋkətʃiːf]
le foulard	**scarf**	[skɑːf]
le gant	**glove**	[glʌv]
la jupe / la robe	**skirt / dress**	[skɜːt][dres]
les sous-vêtements	**underwear**	['ʌndəweər]
le tricot de corps	**vest, undershirt**	[vest] ['ʌndəʃɜːt]
le slip	**briefs / pants**	[briːfs] [pænts]
le caleçon	**underpants, *shorts***	['ʌndəpænts] [ʃɔːts]
le soutien-gorge	**bra, brassière**	[brɑː] ['bræsɪər]
le motif	**pattern**	['pætən]
la rayure / rayé	**stripe / striped**	[straɪp] [straɪpt]
à carreaux	**check[ed]**	[tʃek(t)]
le tissu, l'étoffe	**cloth**	[klɒθ]
la laine / le coton	**wool / cotton**	[wʊl] ['kɒtn]
la soie	**silk**	[sɪlk]
le cuir	**leather**	['leər]
la taille	**size**	[saɪz]
la pointure	**shoe size**	[ʃuː saɪz]
le chapeau	**hat**	[hæt]
la casquette	**cap**	[kæp]
la chaussette	**sock**	[sɒk]
le bas	**stocking**	['stɒkɪŋ]
le collant	**[pair of] tights**	[taɪts]
la chaussure	**shoe**	[ʃuː]
la pantoufle	**slipper**	['slɪpər]
la botte	**boot**	[buːt]

- J'aimerais essayer ce manteau.	**- I would like to try this coat.**
- Quelle est votre taille ?	**- What size are you?**
- Je ne sais pas exactement.	**- I don't know exactly.**
- J'aimerais acheter des chaussures.	**- I would like to buy some shoes.**
- Quelle est votre pointure ?	**- What is your shoe size?**
- Je fais du 42.	**- I wear size 42 (= forty-two).**

49

20. LA MAISON

la maison	**house**	[haʊs]
être à la maison	**to be at home**	[æt həʊm]
aller à la maison	**to go home**	[gəʊ həʊm]
le logement	**lodging**	['lɒdʒɪŋ]
l'appartement	**flat, _apartment_**	[flæt] [ə'pɑːtmənt]
habiter	**to live**	[lɪv]
le bâtiment	**building**	['bɪldɪŋ]
la construction	**building = construction**	['bɪldɪŋ] [kən'strʌkʃən]
construire	**to build**	[bɪld]
le mur	**wall**	[wɔːl]
le toit	**roof**	[ruːf]
la cheminée	**chimney**	['tʃɪmnɪ]
la porte	**door**	[dɔːr]
la fenêtre	**window**	['wɪndəʊ]
la vitre	**pane [of glass]**	[peɪn əv glɑːs]
le volet	**shutter**	['ʃʌtər]
le sol	**floor**	[flɔːr]
le plafond	**ceiling**	['sɪlɪŋ]
le rez-de-chaussée	**ground floor** _first floor_	[graʊnd flɔːr] [fɜːst flɔːr]
l'étage	**floor, storey, _story_**	[flɔːr] ['stɔːrɪ] ['stɔːrɪ]
l'escalier	**[flight of] stairs = staircase**	[flaɪt əv steəz] ['steəkeɪs]
la marche	**step**	[step]
l'ascenseur	**lift, _elevator_**	[lɪft] ['elɪveɪtər]
la pièce	**room**	[ruːm]
la salle à manger	**dining room**	['daɪnɪŋ ruːm]
la salle de séjour	**living room**	['lɪvɪŋ ruːm]
la chambre à coucher	**bedroom**	['bedruːm]
la salle de bain	**bathroom**	['bɑːθruːm]
la cuisine	**kitchen**	['kɪtʃɪn]
le bureau (pièce)	**study, office**	['stʌdɪ] ['ɒfɪs]
le bureau (meuble)	**desk**	[desk]

la cave	**cellar**	['selər]
le grenier	**loft, attic**	[lɒft] ['ætɪk]
le meuble	**piece of furniture**	[piːs əv 'fɜːnɪtʃər]
la table	**table**	['teɪbl]
la chaise	**chair**	[tʃeər]
le tabouret	**stool**	[stuːl]
le fauteuil	**armchair**	[ˌɑːm'tʃeər]
le canapé	**settee, sofa**	[se'tiː] ['səʊfə]
l'armoire	**cupboard**	['kʌbəd]
le lit	**bed**	[bed]
l'aménagement	**furnishing**	['fɜːnɪʃɪŋ]
aménager, meubler	**to furnish**	['fɜːnɪʃ]
le papier peint	**wallpaper**	['wɔːlˌpeɪpər]
la peinture	**paint**	[peɪnt]
le rideau	**curtain**	['kɜːtən]
la lumière	**light**	[laɪt]
brancher	**to plug in**	[plʌg ɪn]
débrancher	**to unplug**	[ʌn'plʌg]
Il fait sombre.	**It is dark.**	[ɪt ɪz dɑːk]
déménager	**to move**	[muːv]
le déménagement	**move, removal**	[muːv] [rɪ'muːvl]
emménager	**to move (into a house)**	[haʊs] [muːv ɪn]
le propriétaire	**owner**	['əʊnər]
posséder	**to own**	[əʊn]
le locataire	**tenant**	['tenənt]
louer	**to rent**	[rent]
le loyer	**rent, rental**	[rent] ['rentl]

- Pouvez-vous mettre la lumière ?
- **Can you turn (*ou* put) the light on?**

- Où est l'interrupteur ?
- **Where is the trip switch?**

- Pouvez-vous éteindre la lumière ?
- **Can you turn (*ou* put) the light off?**

- Il n'y pas de courant dans la pièce.
- **There is no electricity in the room.**

- Où est la prise électrique ?
- **Where is the socket?**

21. LA VIE DOMESTIQUE

le ménage, le foyer	**household**	['haʊshəʊld]
le ménage, les travaux ménagers	**housekeeping** **housework**	['haʊski:pɪŋ] ['haʊswɜ:k]
ranger une pièce	**to tidy a room**	['taɪdɪ ə ru:m]
la ménagère	**housewife**	['haʊswaɪf]
la femme de ménage	**cleaner**	['kli:nər]
faire le ménage	**to do the housework**	['haʊswɜ:k]
nettoyer	**to clean**	[kli:n]
le chiffon	**rag, duster**	[ræg] ['dʌstər]
la poussière	**dust**	[dʌst]
l'aspirateur	**vacuum cleaner**	['væʰkjʊəm 'kli:nər]
passer l'aspirateur	**to vacuum**	['væʰkjʊəm]
le balai	**broom**	[bru:m]
balayer	**to sweep**	[swi:p]
faire son lit	**to make one's bed**	[bed]
le drap	**sheet**	[ʃi:t]
la couverture	**blanket**	['blæŋkɪt]
faire la cuisine	**to cook**	[kʊk]
la recette (de cuisine)	**recipe**	['resɪpɪ]
le livre de cuisine	**cookery book**	['kʊkərɪ bʊk]
bouillir, faire bouillir	**to boil**	[bɔɪl]
cuire au four	**to bake**	[beɪk]
rôtir	**to roast**	[rəʊst]
frire	**to fry**	[fraɪ]
la plaque de cuisson	**hot plate**	[hɒt pleɪt]
la cuisinière électrique	**electric cooker**	[ɪ'lektrɪk 'kʊkər]
la cuisinière à gaz	**gas cooker**	[gæs 'kʊkər]
l'allume-gaz	**gas lighter**	[gæs 'laɪtər]
l'appareil électro-ménager	**electric household appliance**	[ɪ'lektrɪk 'haʊshəʊld ə'plaɪəns]
le cuisinier	**cook**	[kʊk]
la casserole	**saucepan**	['sɔ:spən]
la poêle	**frying pan**	['fraɪɪŋ pæn]

mettre la table	**to lay the table**	[leɪ ðə 'teɪbl]
débarrasser la table	**to clear the table**	[klɪər ðə 'teɪbl]
la nappe	**tablecloth**	['teɪblklɒθ]
la serviette de table	**napkin**	['næpkɪn]
la vaisselle	**washing up**	['wɒʃɪŋ ʌp]
faire la vaisselle	**to do the dishes**	['dɪʃɪz]
le torchon	**tea towel**	[ti: 'taʊəl]
l'évier	**sink**	[sɪŋk]
le robinet	**tap,** *faucet*	[tæp] ['fɔːsɪt]
le lave-vaisselle	**dishwasher**	['dɪʃwɒʃər]
le réfrigérateur	**refrigerator**	[rɪ'frɪdʒəreɪtər]
le congélateur	**freezer**	['friːzər]
les produits surgelés	**frozen food**	['frəʊzn fuːd]
le four à micro-ondes	**microwave oven**	['maɪkrəʊˌweɪv]
la boîte de conserves	**tin, can**	[tɪn] [kæn]
l'ouvre-boîte	**can opener**	[kæn 'əʊpnər]
le décapsuleur	**bottle opener**	['bɒtl 'əʊpnər]
le tire-bouchon	**corkscrew**	['kɔːkskruː]
le lave-linge	**washing machine**	['wɒʃɪŋ mə'ʃiːn]
faire la lessive	**to do the washing**	['wɒʃɪŋ]
repasser	**to iron**	['aɪən]
le fer à repasser	**iron**	['aɪən]
aller faire les courses	**to go shopping**	['ʃɒpɪŋ]
faire des courses	**to do the shopping**	['ʃɒpɪŋ]

Entrez, je vous en prie !	**Do come in!**
Donnez-vous la peine d'entrer !	**Come in, I beg you!**
Après vous, je vous en prie !	**After you, please!**
Vous êtes très aimable !	**You are very kind!**
C'est très aimable à vous !	**It's very kind of you!**
Faites comme chez vous !	**Make yourself at home!**
Merci pour votre visite.	**Thank you for your visit.**
Mettez-vous à l'aise !	**Make yourself comfortable!**
À table !	**The food is ready!**
Le repas est servi !	**Dinner is served!**
Servez-vous !	**Help yourselves!**

22. LE TEMPS - LA MÉTÉO

le temps, la météo	**weather**	['weðər]
par beau temps	**in fine weather**	[ɪn faɪn 'weðər]
le climat	**climate**	['klaɪmɪt]
la météorologie	**meteorology**	[ˌmiːtɪə'rɒlədʒɪ]
le bulletin météo	**weather report**	['weðər rɪ'pɔːt]
la prévision météo	**weather forecast**	['weðər 'fɔːkɑːst]
la température	**temperature**	['temprɪtʃər]
le degré	**degree**	[dɪ'griː]
la (forte) chaleur	**heat**	[hiːt]
(très) chaud	**hot**	[hɒt]
la vague de chaleur	**heat wave**	[hiːt weɪv]
la chaleur / chaud	**warmth / warm**	[wɔːmθ] [wɔːm]
le froid	**coldness / cold**	['kəʊldnɪs] [kəʊld]
la vague de froid	**cold wave**	[kəʊld weɪv]
frais - doux	**cool - mild**	[kuːl] [maɪld]
la douceur	**mildness**	['maɪldnɪs]
le soleil	**sun**	[sʌn]
l'ombre	**shadow, shade**	['ʃædəʊ] [ʃeɪd]
ombragé	**shady**	['ʃeɪdɪ]
la sécheresse (période)	**drought**	[draʊt]
la sécheresse (état)	**dryness**	['draɪnɪs]
sec - aride	**dry - aride**	[draɪ]
humide	**humid, damp**	['hjuːmɪd] [dæmp]
l'humidité	**dampness, moistness**	['dæmpnɪs] ['mɔɪstnɪs]
le nuage - nuageux	**cloud - cloudy**	[klaʊd] ['klaʊdɪ]
couvert (temps)	**overcast**	[ˌəʊvə'kɑːst]
sans nuage	**cloudless**	['klaʊdlɪs]
la pluie - pleuvoir	**rain - to rain**	[reɪn] [reɪn]
Il pleut	**It's raining / It rains.**	[ɪts 'reɪnɪŋ]
pluvieux / mouillé	**rainy / wet**	['reɪnɪ] [wet]
la goutte (de pluie)	**(rain)drop**	['reɪndrɒp]
la brume / le brouillard	**mist / fog**	[mɪst] [fɒg]
brumeux	**misty, foggy**	['mɪstɪ] ['fɒgɪ]
l'arc-en-ciel	**rainbow**	['reɪnbəʊ]

la neige - neiger	**snow - to snow**	[snəʊ] [snəʊ]
le flocon	**snowflake**	['snəʊfleɪk]
la chute de neige	**snowfall**	['snəʊfɔːl]
la grêle - le grêlon	**hail - hailstone**	[heɪl] ['heɪlstəʊn]
la glace / le verglas	**ice / black ice**	[aɪs] [blæk aɪs]
glacial, très froid	**icy-cold**	['aɪsɪ kəʊld]
le gel	**frost, freezing**	[frɒst] ['friːzɪŋ]
geler	**to freeze**	[friːz]
Il a gelé.	**It has frozen.**	['frəʊzn]
le givre / la rosée	**frost / dew**	[frɒst] [djuː]
le dégel	**thaw**	[θɔː]
fondre	**to melt**	[melt]
l'orage	**thunderstorm**	['θʌndəstɔːm]
l'éclair	**lightning**	['laɪtnɪŋ]
Il y a des éclairs.	**There is lightning.**	['laɪtnɪŋ]
le paratonnerre	**lightning conductor**	['laɪtnɪŋ kən'dʌktər]
le tonnerre / tonner	**thunder / to thunder**	['θʌndər]
le coup de tonnerre	**thunderclap**	['θʌndəklæp]
le vent	**wind**	[wɪnd]
souffler	**to blow**	[bləʊ]
Le vent tourne.	**The wind is changing.**	
la tempête	**storm, gale**	[stɔːm] [geɪl]

Il va bientôt pleuvoir.	**It's going to rain soon.**
En soirée il fait frais.	**In the evening it gets cold.**
Le temps s'est rafraîchi.	**The weather has turned cooler.**
Il fait 30 degrés à l'ombre.	**It is thirty degrees in the shade.**
6 degrés en-dessous de zéro	**six degrees below [zero]**
6 degrés au-dessus de zéro	**six degrees above zero**
Il fait beau. / Il ne fait pas beau.	**It is fine. / It isn't fine.**
Le temps est splendide.	**The weather is splendid.**
Le soleil brille toute la journée.	**The sun shines all day.**
Il fait très chaud (trop chaud).	**It is very hot (too hot).**
J'ai froid. / J'ai chaud.	**I am cold. / I am hot.**
une tempête dans un verre d'eau	**a storm in a teacup**

23. LE SOLEIL - LE CIEL

le soleil	**sun**	[sʌn]
se lever *(astre)*	**to rise**	[raɪz]
ensoleillé	**sunny**	['sʌnɪ]
le rayon de soleil	**sunbeam**	['sʌnbiːm]
la lumière du soleil	**sunshine, sunlight**	['sʌnʃaɪn] ['sʌnlaɪt]
briller	**to shine**	[ʃaɪn]
la lumière du soleil	**sunlight**	['sʌnlaɪt]
éblouir	**to dazzle**	['dæzl]
le lever du soleil	**sunrise, sun-up**	['sʌnraɪz] ['sʌnʌp]
au lever du soleil	**at sunrise**	[æt 'sʌnraɪz]
se coucher *(astre)*	**to set**	[set]
le coucher de soleil	**sunset, sundown**	['sʌnset] ['sʌndaʊn]
prendre un bain de soleil	**to sun oneself = to sunbathe**	[sʌn wʌn'self] ['sʌnbeɪð]
le bain de soleil	**sunbathing**	['sʌnbeɪðɪŋ]
le bronzage	**suntan**	['sʌntæn]
bronzé, basané	**suntanned**	['sʌntænd]
bronzer	**to sunbathe**	['sʌnbeɪð]
le coup de soleil	**sunstroke, sunburn**	['sʌnstrəʊk] ['sʌnbɜːn]
les lunettes de soleil	**(pair of) sunglasses**	['sʌnglɑːsɪz]
l'ombrelle	**sunshade**	['sʌnʃeɪd]
le parasol	**parasol**	['pærəsɒl]
l'éclipse de soleil	**solar eclipse**	['səʊlər ɪ'klɪps]
le système solaire	**solar system**	['səʊlər 'sɪstəm]
la voie lactée	**Milky Way**	[ˌmɪlkɪ 'weɪ]
la lune	**moon**	[muːn]
la pleine lune	**full moon**	[fʊl muːn]
le croissant de lune	**crescent moon**	[kresənt muːn]
le clair de lune	**moonlight**	['muːnlaɪt]
l'étoile	**star**	[stɑːr]
l'étoile filante	**shooting star**	['ʃuːtɪŋ stɑːr]
la planète	**planet**	['plænɪt]
le satellite	**satellite**	['sætəlaɪt]
l'astronomie	**astronomy**	[əs'trɒnəmɪ]

l'astronome	**astronomer**	[əsˈtrɒnəmər]
l'astrologie	**astrology**	[əsˈtrɒlədʒɪ]
l'astrologue	**astrologer**	[əsˈtrɒlədʒər]
le zodiaque	**zodiac**	[ˈzəʊdɪæk]
le signe du zodiaque	**sign of the zodiac**	[saɪn əv ðə ˈzəʊdɪæk]
le [signe du] Bélier	**Aries**	[ˈeəriːz]
le Taureau	**Taurus**	[ˈtɔːrəs]
les Gémeaux	**Gemini, Twins**	[ˈdʒemɪnɪ] [twɪns]
le Cancer	**Cancer**	[ˈkænsər]
le Lion	**Leo**	[ˈliːəʊ]
la Vierge	**Virgo**	[ˈvɜːgəʊ]
la Balance	**Libra**	[ˈliːbrə]
le Scorpion	**Scorpio**	[ˈskɔːpɪəʊ]
le Sagittaire	**Sagittarius**	[ˌsædʒɪˈteərɪəs]
le Capricorne	**Capricorn**	[ˈkæprɪkɔːn]
le Verseau	**Aquarius**	[əˈkweərɪəs]
les Poissons	**Pisces**	[ˈpaɪsiːz]
le monde	**world**	[wɜːld]
l'univers	**universe**	[ˈjuːnɪvɜːs]
l'espace	**space**	[speɪs]
la pesanteur	**gravity**	[ˈgrævɪtɪ]
l'apesanteur	**weightlessness**	[ˈweɪtlɪsnɪs]
l'astronautique	**space travel**	[speɪs ˈtrævl]
la fusée	**rocket**	[ˈrɒkɪt]
le lancement	**launch**	[lɔːnʃ]
faire le tour de la terre	**to orbit the earth**	[ˈɔːbɪt ðɪ ɜːθ]
la navette spatiale	**space shuttle**	[speɪs ˈʃʌtl]
l'astronaute	**astronaut**	[ˈæstrənɔːt]
l'alunissage	**moon landing**	[muːn ˈlændɪŋ]
le vaisseau spatial	**spaceship**	[ˈspeɪsʃɪp]
l'engin spatial	**spacecraft**	[ˈspeɪskrɑːft]
le vol spatial	**space flight**	[ˈspeɪs flaɪt]

| attraper un coup de soleil | **to get sunburnt** |
| être né sous une bonne étoile | **to be born under a lucky star** |

24. LES JOURS, LES MOIS, LES ANNÉES

le jour	day	[deɪ]
quotidien(nement)	daily	['deɪlɪ]
chaque jour	every day	['evrɪ deɪ]
pendant la journée	during the day	['djʊrɪŋ ðə deɪ]
de jour	in the day time	[ɪn ðə deɪ taɪm]
	in daylight	[ɪn 'deɪlaɪt]
un beau jour	one fine day	[wʌn faɪn deɪ]
ce jour-là	on that day	[ɒn ðæt deɪ]
de jour en jour	from day to day	[frɒm deɪ tə deɪ]
le jour J	D-Day	['diːdeɪ]
Il fait jour.	It's light.	[ɪts laɪt]
au jour près	to the day	[tə ðə deɪ]
jour et nuit	night and day	[naɪt ənd deɪ]
tous les deux jours	every other day	['evrɪ 'ʌðər deɪ]
à partir de ce jour	from that day on	[frɒm ðæt deɪ ɒn]
il y a deux jours	two days ago	[tuː deɪz ə'gəʊ]
la vie quotidienne	day-to-day life	[deɪ tə deɪ laɪf]
de nos jours	nowadays	['naʊədeɪz]
la nuit / de nuit	night / by night	[naɪt] [baɪ naɪt]
le dimanche	Sunday	['sʌndeɪ]
le lundi	Monday	['mʌndeɪ]
le mardi	Tuesday	['tjuːzdeɪ]
le mercredi	Wednesday	['wenzdeɪ]
le jeudi	Thursday	['θɜːzdeɪ]
le vendredi	Friday	['fraɪdeɪ]
le samedi	Saturday	['sætədeɪ]
le dimanche	Sunday	['sʌndeɪ]
la décennie	decade	['dekeɪd]
la semaine	week	[wiːk]
hebdomadaire(ment)	weekly	['wiːklɪ]
le mois	month	[mʌnθ]
mensuel(lement)	monthly	['mʌnθlɪ]
l'année (bissextile)	(leap) year	[liːp jɪər]
annuel	annual, yearly	['ænjʊəl] ['jɪəlɪ]

annuellement	**annually, yearly**	['ænjʊəlɪ] ['jɪəlɪ]
le siècle	**century**	['sentʃərɪ]
le millénaire	**thousand years = millennium**	['θaʊznd jɪəz] [mɪ'lenɪəm]
le trimestre	**three months = quarter**	[θriː mʌnθs] ['kwɔːtər]
le semestre	**six months = half year**	[sɪks mʌnθs] [hɑːf jɪər]
janvier	**January**	['dʒænjʊərɪ]
février	**February**	['februərɪ]
mars - avril	**March - April**	[mɑːtʃ] ['eɪprəl]
mai - juin	**May - June**	[meɪ] [dʒuːn]
juillet - août	**July - August**	[dʒʊ'laɪ] ['ɔːgəst]
septembre	**September**	[sep'tembər]
octobre	**October**	[ɒk'təʊbər]
novembre	**November**	[nə'vembər]
décembre	**December**	[dɪ'sembər]
la saison	**season**	['siːzn]
le printemps	**spring**	[sprɪŋ]
l'été / estival	**summer / summery**	['sʌmər] ['sʌmərɪ]
l'automne	**autumn,** *fall*	['ɔːtəm] [fɔːl]
l'hiver / hivernal	**winter / wint[e]ry**	['wɪntər] ['wɪntrɪ]
le calendrier	**calendar**	['kælɪndər]
le jour ouvrable	**working day**	['wɜːkɪŋ deɪ]
le jour férié	**public holiday**	['pʌblɪk 'hɒlɪdeɪ]
le Nouvel-An	**New Year's Day**	[njuː jɪəz deɪ]
la Pentecôte	**Whit Sunday**	[wɪt 'sʌndeɪ]
Pâques	**Easter**	['iːstər]
la Toussaint	**All Saints' Day**	[ɔːl sənts deɪ]
Noël	**Christmas**	['krɪsməs]

Quel jour sommes-nous (aujourd'hui) ? **What day is it (today)?**
Nous sommes le lundi 10 mars. **Today is Monday, the tenth of March.**
Les jours rallongent (diminuent). **The days are getting longer (are getting shorter).**
le dimanche et les jours fériés **on Sundays and public holidays**

25. LE TEMPS QUI PASSE

le temps	**time**	[taɪm]
passer, s'écouler	**to pass [by]**	[pɑːs baɪ]
passé, révolu	**bygone, former**	['baɪɡɒn] ['fɔːmər]
passer (le temps)	**to spend**	[spend]
pour l'instant	**at the moment**	[æt ðə 'məʊmənt]
déjà	**already**	[ɔːl'redɪ]
encore	**still, again**	[stɪl] [ə'ɡen]
pas encore	**not yet, still not**	[nɒt jet] [stɪl nɒt]
entre temps	**in the mean**	[ɪn ðə miːn taɪm]
pendant ce temps	**meanwhile**	[ˌmiːn'waɪl]
enfin, finalement	**at last, in the end**	[æt lɑːst] [ɪn ðɪ end]
soudain	**suddenly**	['sʌdnlɪ]
immédiatement	**at once**	[æt wʌns]
	= immediately	[ɪ'miːdjətlɪ]
peu à peu	**gradually**	['ɡrædʒʊəlɪ]
	little by little	[lɪtl baɪ lɪtl]
en même temps	**at the same time**	[æt ðə seɪm taɪm]
simultanément	**simultaneously**	[sɪml'teɪnɪəslɪ]
au bon moment	**at the right time**	[æt ðə raɪt taɪm]
à temps	**in time, on time**	[ɪn taɪm] [ɒn taɪm]
de tous temps	**at all times**	[æt ɔːl taɪmz]
à tout moment	**at any time**	[æt 'enɪ taɪm]
avant, auparavant	**before, beforehand**	[bɪ'fɔːr] [bɪ'fɔːhænd]
après, ensuite	**afterwards**	['ɑːftəwədz]
une heure après	**an hour later**	[ən 'aʊər 'leɪtər]
peu après	**soon afterwards**	[suːn 'ɑːftəwədz]
tôt	**early, soon**	['ɜːlɪ] [suːn]
tard	**late**	[leɪt]
au plus tôt	**at the earliest**	[æt ðə 'ɜːlɪɪst]
au plus tard	**at the latest**	[æt ðə 'leɪtɪst]
plus tard	**later**	['leɪtər]
tôt ou tard	**sooner or later**	[suːnər ɔːr 'leɪtər]
chaque fois	**every time**	['evrɪ taɪm]
pendant que	**while, whilst**	[waɪl] [waɪlst]

jusque; jusqu'à ce que	**until, till**	[ən'tıl] [tıl]
dès que, aussitôt que	**as soon as**	[əz su:n əz]
tant que	**as long as**	[əz lɒŋ əz]

Comme le temps passe !	**How time flies!**
Chaque chose en son temps.	**All in good time.**
avoir beaucoup de temps	**to have a lot of time**
ne pas avoir le temps	**to have no time**
Le temps c'est de l'argent.	**Time is money.**
Le temps presse.	**Time is pressing**
au fil du temps	**in the course of time**
Les temps ont changé.	**Times have changed.**
L'avenir le dira.	**Time will tell.**
Le plus tôt sera le mieux.	**The sooner, the better.**
Aussitôt dit, aussitôt fait !	**No sooner said than done.**
J'arrive tout de suite !	**I'm just coming!**
	I'll be right there (*ou* over)!
Je reviens tout de suite !	**I'll be back in a minute!**
A tout à l'heure !	**See you later!**
Il y a des moments où...	**There are times when...**
au début des années 80	**at the beginning of the eighties**
du début à la fin	**from beginning to end**
au début de l'année 1990	**at the beginning of 1990**
à la fin du mois	**at the end of the month**
jusqu'à la fin de la semaine	**until the end of the week**
à la fin [du mois d']avril	**at the end of April**
toucher à son terme	**to come to an end**
Tout est bien qui finit bien.	**All's well that ends well.**
au milieu du mois	**in the middle of the month**
à la mi-février	**in mid-February**
À partir du 3 avril	**As from the 3rd (third) of April**
À partir de 1990	**as from 1990**
depuis cette époque	**since then = since that time**
Quand ? À quelle époque ?	**When? At what time?**
À partir de quand ?	**From when?**
Depuis quand ?	**Since when?**

26. LE PASSÉ, LE PRÉSENT ET L'AVENIR

le passé	the past	[pɑːst]
passé, terminé, révolu	bygone, former, past	['baɪgɒn] ['fɔːmər] [pɑːst]
être terminé	to be over = to be finished	[biː 'əʊvə] [biː 'fɪnɪʃt]
dans le passé	in the past	[ɪn ðə pɑːst]
à l'époque, à cette époque	then = at that time = in those days	[ðen] [ət ðæt taɪm] [ɪn ðəʊz deɪz]
dès cette époque	even at that time	['iːvən ət ðæt taɪm]
antérieur, ancien	earlier, former	['ɜːlɪər] ['fɔːmər]
autrefois, dans le temps	formerly = in former times	['fɔːməlɪ] [ɪn 'fɔːmər taɪmz]
de mon temps	in my time	[ɪn maɪ taɪm]
naguère	not long ago	[nɒt lɒŋ ə'gəʊ]
le présent	the present	['preznt]
actuel	present, current, today's	['preznt] ['kʌrənt] [tə'deɪz]
la jeunesse actuelle	today's youth	[tə'deɪz juːθ]
actuellement, à l'heure actuelle	at the moment = currently	[æt ðə 'məʊmənt] ['kʌrəntlɪ]
maintenant	now	[naʊ]
la plupart du temps	mostly, usually, most of the time	['məʊstlɪ] ['juːʒʊəlɪ] [məʊst]
de nos jours	nowadays	['naʊədeɪz]
à notre époque	in our days	[ɪn 'aʊə deɪz]
à l'heure actuelle	for the time being	[fɔːr ðə taɪm 'biːɪŋ]
jusqu'à présent	up to now	[ʌp tuː naʊ]
à partir de maintenant	from now on	[frɒm naʊ ɒn]
à partir d'aujourd'hui	as from today	[æz frɒm tə'deɪ]
pas pour l'instant	not for now	[nɒt fɔːr naʊ]
l'avenir	the future	['fjuːtʃər]
futur, à venir	future, coming	['fjuːtʃər] ['kʌmɪŋ]
à l'avenir	in the future	[ɪn ðə 'fjuːtʃər]
bientôt	soon	[suːn]
peu après	soon afterwards	[suːn ɑːftəwədz]

dès que possible	**as soon as possible**	[æz suːn æz]
très bientôt	**in the near future**	[nɪərˈfjuːtʃər]
	= shortly	[ˈʃɔːtlɪ]

C'est maintenant ou jamais !	**It's now or never!**
Il était une fois...	**Once upon a time...**
Il y a déjà longtemps (que...)	**It's been a long time (since...)**
Il y a très, très longtemps	**Long, long ago**
Il y a dix ans	**Ten years ago**
l'âge de pierre	**the Stone Age**
le moyen âge	**the Middle Ages**
au quinzième siècle	**in the 15th (= fifteenth) century**
dès le seizième siècle	**as early as the sixteenth century**
la fin du 18e siècle	**the late eighteenth century**
	= the end of the 18th century
au début des années trente	**in the early thirties**
le Président de l'époque	**the then President**
dans ce qui était alors la Gaule	**in what was then Gaul**
la situation de l'époque	**the situation at that time**
la vie de l'époque	**life in those days**
à l'époque de Shakespeare	**in Shakespeare's time**
en [l'an] 75 avant J.-C.	**in [the year] 75 BC**
en [l'an] 56 après J.-C.	**in [the year] AD 56**
au bon vieux temps	**in the good old days**
Cette époque est révolue.	**Those days are past.**
C'est du passé.	**Those days have gone.**
C'est de l'histoire ancienne.	**That's [all] past history.**
dans les siècles passés	**in centuries past**
au cours des derniers jours	**in the past few days**
récemment, il y a peu	**recently = not long ago**
il y a seulement quelques jours	**only the other day**
	= just a few days ago
dans une semaine	**a week today = in a week**
dans quinze jours	**in a fortnight**
il y a 15 jours aujourd'hui	**a fortnight ago today**
dans les prochains jours	**in the next few days**
Le jour viendra où...	**The day will come when...**

27. LE MATIN - LE MIDI - LE SOIR

le lever du jour	**daybreak, dawn**	[deɪˈbreɪk] [dɔːn]
au lever du jour	**at daybreak**	[æt deɪˈbreɪk]
	= at dawn	[æt dɔːn]
le matin, la matinée	**morning**	[ˈmɔːnɪŋ]
dans la matinée	**in the morning**	[ɪn ðə ˈmɔːnɪŋ]
un (beau) matin	**one (fine) morning**	[wʌn faɪn ˈmɔːnɪŋ]
ce matin-là	**(on) that morning**	[ɒn ðæt ˈmɔːnɪŋ]
(le) midi, la mi-journée	**midday, noon**	[ˈmɪddeɪ] [nuːn]
à midi	**at midday, at noon**	[æt ˈmɪdeɪ]
		[æt nuːn]
l'après-midi	**afternoon**	[ɑːftəˈnuːn]
(dans) l'après-midi	**in the afternoon**	[ɪn ðə ɑːftəˈnuːn]
le soir, la soirée	**evening**	[ˈiːvnɪŋ]
le soir, dans la soirée	**in the evening**	[ɪn ðɪ ˈiːvnɪŋ]
ce soir-là	**that evening**	[ðæt ˈiːvnɪŋ]
la nuit	**night**	[naɪt]
dans la nuit	**at night**	[æt naɪt]
cette nuit(-ci)	**tonight**	[təˈnaɪt]
(à) minuit	**(at) midnight**	[(æt) ˈmɪdnaɪt]
de nos jours	**nowadays**	[ˈnaʊədeɪz]
maintenant	**now**	[naʊ]
ce matin	**this morning**	[ðɪs ˈmɔːnɪŋ]
tôt ce matin	**early this morning**	[ˈɜːlɪ ðɪs ˈmɔːnɪŋ]
ce soir	**this evening**	[ðɪs ˈiːvnɪŋ]
cette nuit	**tonight**	[təˈnaɪt]
hier	**yesterday**	[ˈjestədeɪ]
avant-hier	**the day before yesterday**	[bɪˈfɔːr ˈjestədeɪ]
après-demain	**the day after tomorrow**	[ðə deɪ ˈɑːftər təˈmɒrəʊ]
demain	**tomorrow**	[təˈmɒrəʊ]
demain matin	**tomorrow morning**	[təˈmɒrəʊ ˈmɔːnɪŋ]

Que mangeons-nous ce soir ?	**What are we having this evening?**

dans l'après-midi du 12 septembre	**on the afternoon of September 12th**
pendant toute la soirée	**all evening**
souhaiter une bonne nuit à quelqu'un	**to bid somebody good night**
dans la nuit du 12 au 13 mai	**during the night of May 12th to 13th**
pendant toute la matinée	**the whole morning = all morning**
Bonjour ! *(le matin)*	**Good morning!**
Bonjour *(l'après-midi)*	**Good afternoon!**
Bonsoir !	**Good evening!**
Bonne nuit !	**Good night!**
en début de matinée	**early in the morning**
en fin de matinee	**late in the morning**
le samedi matin	**on Saturday mornings**
le samedi soir	**on Saturday's evenings**
le 18 janvier au matin	**on the morning of January 18th**
vers midi	**around midday = around noon**
chaque midi; tous les midis	**every lunchtime**
Ce midi	**at lunchtime today**
le mercredi midi	**on Wednesday lunchtimes**
Que mangeons-nous à midi ?	**What is [there] for lunch?**
le dimanche après-midi	**on Sunday afternoons**
pendant toute l'après-midi	**all afternoon**
en début d'après-midi	**early in the afternoon**
en fin d'après-midi	**late in the afternoon**
un soir	**one evening**
tous les dimanches soir	**every Sunday evening**
du matin au soir	**from morning till night = from dawn to dusk**
en fin de soirée	**late in the evening**
Il commence à faire nuit.	**It's getting dark.**
à la tombée de la nuit	**At nightfall = at dusk**
La nuit tombe.	**Night is falling.**
tard dans la nuit	**late in the night = late at night**

28. LES CHIFFRES ET LES NOMBRES

le nombre / le numéro	**number**	['nʌmbər]
le chiffre	**figure**	['fɪgər]
le numéro	**digit**	['dɪdʒɪt]
la douzaine	**dozen**	['dʌzn]
la centaine	**hundred**	['hʌndrɪd]
le millier	**thousand**	['θaʊznd]
le million	**million**	['mɪljən]
le milliard	**milliard, *billion***	['mɪljəd] ['bɪljən]
compter	**to count**	[kaʊnt]
le (chiffre) zéro	**nought, zero**	[nɔːt] ['zɪərəʊ]
un - deux - trois	**one - two - three**	[wʌn] [tuː] [θriː]
quatre - cinq	**four - five**	[fɔːr] [faɪv]
six - sept - huit	**six - seven - eight**	[sɪks] ['sevn] [eɪt]
neuf - dix	**nine - ten**	[naɪn] [ten]
onze - douze	**eleven - twelve**	[ɪ'levn] [twelv]
treize - quatorze	**thirteen - fourteen**	[θɜː'tiːn] [fɔː'tiːn]
quinze - seize	**fifteen - sixteen**	[fɪf'tiːn] [sɪks'tiːn]
dix-sept	**seventeen**	[sevn'tiːn]
dix-huit	**eighteen**	[eɪ'tiːn]
dix-neuf	**nineteen**	[naɪn'tiːn]
vingt	**twenty**	['twentɪ]
vingt et un	**twenty-one**	['twentɪ wʌn]
vingt-deux	**twenty-two**	['twentɪ tuː]
trente	**thirty**	['θɜːtɪ]
quarante	**forty**	['fɔːtɪ]
cinquante	**fifty**	['fɪftɪ]
soixante	**sixty**	['sɪkstɪ]
soixante-dix	**seventy**	['sevntɪ]
quatre-vingts	**eighty**	['eɪtɪ]
quatre-vingt dix	**ninety**	['naɪntɪ]
cent	**one hundred**	[wʌn 'hʌndrɪd]
cent un	**one hundred and one**	[wʌn 'hʌndrɪd ænd wʌn]
mille	**one thousand**	[wʌn 'θaʊznd]

[tous] les deux	**both**	[bəʊθ]
0,4	**.4 = point four**	[pɔɪnt fɔːr]
2,4	**2.4 = two point four**	[tuː pɔɪnt fɔːr]
un et demi	**one and a half**	[wʌn ænd ə hɑːf]
une heure et demie	**an hour and a half**	[ən 'aʊər]
une demi-heure	**half an hour**	[hɑːf ən 'aʊər]
deux et demi	**two and a half**	[tuː ænd ə hɑːf]
trois pour cent	**three per cent**	[θriː pə sent]
le pourcentage	**percentage**	[pə'sentɪdʒ]
un sur deux	**every other one**	['evrɪ 'ʌðər wʌn]
un sur trois	**one in three**	[wʌn ɪn θriː]
un lundi sur quatre	**every fourth Monday**	['evrɪ fɔːθ 'mʌndeɪ]
le premier, la première	**the first (the 1st)**	[ðə fɜːst]
le, la deuxième	**the second (the 2nd)**	[ðə 'sekənd]
le, la troisième	**the third (the 3rd)**	[ðə θɜːd]
le, la quatrième	**the fourth (the 4th)**	[ðə fɔːθ]
le, la cinquième	**the fifth (the 5th)**	[ðə fɪfθ]
le, la vingtième	**the twentieth**	[ə 'twentɪθ]
le, la 21ᵉ	**the twenty-first**	[ðə 'twentɪ fɜːst]
le, la trentième	**the thirtieth**	[ðə 'θɜːtɪθ]
le dernier, la dernière	**the last**	[ðə lɑːst]
l'avant-dernier	**the last but one**	[ðə lɑːst bʌt wʌn]
premièrement; tout d'abord	**firstly, first of all in the first place**	['fɜːstlɪ] [fɜːst ɒv ɔːl] [ɪn ðə fɜːst pleɪs]
deuxièmement	**secondly**	['sekəndlɪ]
troisièmement	**thirdly**	['θɜːdlɪ]
quatrièmement	**fourthly**	['fɔːθlɪ]
cinquièmement	**fifthly**	['fɪfθlɪ]
la moitié	**half (pl. : halves)**	[hɑːf] [hɑːvz]
le tiers	**third**	[θɜːd]
le quart	**quarter**	['kwɔːtər]
le cinquième	**fifth**	[fɪfθ]
une fois	**once**	[wʌns]
pas une seule fois	**not once**	[nɒt wʌns]
deux fois	**twice**	[twaɪs]
trois fois	**three times**	[θriː taɪmz]

29. QUAND ? À QUELLE HEURE ?

l'horloge, la pendule	clock	[klɒk]
la montre	watch	[wɒtʃ]
le réveil-matin	alarm clock	[ə'lɑːm klɒk]
l'aiguille	hand	[hænd]
la petite aiguille	hour-hand	['aʊər hænd]
la grande aiguille	minute-hand	['mɪnɪt hænd]
l'heure *(= 60 mn)*	hour	['aʊər]
la minute	minute	['mɪnɪt]
la seconde	second	['sekənd]
le dixième de seconde	tenth of a second	[tenθ]
le centième de seconde	hundredth of a second	['hʌndrədθ]
24 heures sur 24	round the clock	[raʊnd ðə klɒk]
Ma montre retarde.	My watch is slow.	[maɪ wɒtʃ ɪz sləʊ]
Ma montre avance.	My watch is fast.	[maɪ wɒtʃ ɪz fɑːst]
avancer sa montre	to put one's watch forward	['fɔːwəd]
retarder sa montre	to put one's watch back	[bæk]
une demi-heure	half an hour	[hɑːf ən 'aʊər]
le quart d'heure	quarter of an hour	['kwɔːtər]
Quelle heure est-il ?	What time is it?	[wɒt taɪm ɪz ɪt]
Il est huit heures	It's eight o'clock	[ɪt ɪz eɪt ə'klɒk]
à huit heures	at eight	[æt eɪt]
6 heures du soir	6 o'clock in the evening	['iːvnɪŋ]
11 heures du soir	11 o'clock at night	[æt naɪt]
3 heures et demi	half past three	[hɑːf pɑːst θriː]
8 heures 30	eight thirty	[eɪt 'θɜːtɪ]
à 7 heures et quart	at a quarter past seven	['kwɔːtər pɑːst 'sevn]
à 8 h moins le quart	at a quarter to eight	['kwɔːtər tuː eɪt]
1 heure et quart	[a] quarter past one	['kwɔːtər pɑːst wʌn]
1 heure moins le quart	[a] quarter to one	['kwɔːtər tuː wʌn]
vers deux heures	around two	[ə'raʊnd tuː]

dans le sens des aiguilles d'une montre	**clockwise**
Il est 0 heure 30, il est minuit et demi	**It is twelve thirty a.m. = It is half past midnight.**
regarder sa montre, regarder l'heure	**to look at the time = to look at the clock**
demander l'heure à quelqu'un	**to ask someone the time [of day]**
À quelle heure avons-nous rendez-vous ?	**What time is our appointment?**
À huit heures du matin	**at eight o' clock in the morning = at 8 a.m.**
À huit heures du soir	**at 8 o'clock in the evening = at 8 p.m.**
À midi	**at 12 noon = at 12 o'clock midday**
À quatre heures de l'après midi	**at four in the afternoon**
Il est déjà minuit passé.	**It's past midnight.**
Il est deux heures moins cinq.	**It is five [minutes] to two.**
Il est deux heures cinq.	**It is five [minutes] past two.**
- À quelle heure peux-tu venir ?	**- (At) what time can you come?**
- Je viens à deux heures.	**- I am coming at two o'clock.**
Elle vient vers trois heures.	**She is coming at around three o'clock.**
Quand vas-tu au cinéma ?	**When are you going to the cinema?**
À trois heures je vais au cinéma.	**At three o'clock I am going to the cinema.**
Il vient à deux heures et demie.	**He is coming at half past two.**
Le film dure deux heures et demie.	**The film lasts for two and a half hours.**
Je viens dans une demi-heure.	**I am coming in half an hour.**
Il est deux heures moins cinq.	**It is five to two.**
Il est deux heures cinq.	**It is five past two.**
Combien de temps peux-tu rester ?	**For how long can you stay?**

30. LES PAYSAGES - LA GÉOGRAPHIE

le monde	**world**	[wɜːld]
la terre	**earth**	[ɜːθ]
sur terre	**on earth**	[ɒnɜːθ]
le globe terrestre	**globe**	[gləʊb]
l'hémisphère	**hemisphere**	['hemɪsfɪər]
le continent	**continent**	['kɒntɪnənt]
le pôle	**pole**	[pəʊl]
l'iceberg	**iceberg**	['aɪsbɜːg]
l'équateur	**equator**	[ɪ'kweɪtər]
les tropiques	**tropics**	['trɒpɪks]
le fuseau horaire	**time zone**	[taɪm 'zəʊn]
l'océan	**ocean**	['əʊʃən]
la mer	**sea**	[siː]
le lac	**lake**	[leɪk]
les chutes du Niagara	**Niagara Falls**	[naɪægərə 'fɔːlz]
le niveau de la mer	**sea-level**	[siː'levl]
les marées	**tides**	[taɪdz]
la marée haute	**high tide**	[haɪ taɪd]
la marée basse	**ebb tide, low tide**	[eb taɪd] [lɔː taɪd]
le flux et le reflux	**ebb and flow**	[eb ənd fləʊ]
la vague	**wave**	[weɪv]
le raz de marée	**tidal wave**	['taɪdl weɪv]
l'inondation	**flood**	[flʌd]
inonder	**to flood**	[flʌd]
le désert	**desert**	['dezət]
la côte	**coast**	[kəʊst]
le littoral, le rivage	**shore**	[ʃɔːr]
la plage	**beach**	[biːtʃ]
l'île	**island**	['aɪlənd]
la presqu'île	**peninsula**	[pɪ'nɪnsjʊlə]
la rivière, le fleuve	**river**	['rɪvər]
la Tamise	**the Thames**	[temz]
le ruisseau	**stream, brook**	[striːm] [brʊk]
la source	**spring, source**	[sprɪŋ] [sɔːs]

la rive (d'un fleuve)	**bank**	[bæŋk]
la rive (d'un lac)	**shore**	[ʃɔːr]
le continent	**continent**	[ˈkɒntɪnənt]
la terre ferme	**mainland**	[ˈmeɪnlænd]
la terre (ferme)	**land**	[lænd]
le paysage	**scenery**	[ˈsiːnərɪ]
	landscape	[ˈlændskeɪp]
	countryside	[ˈkʌntrɪsaɪd]
la zone	**area**	[ˈeərɪə]
la région	**region**	[ˈriːdʒən]
le territoire	**territory**	[ˈterɪtərɪ]
le mont	**mount**	[maʊnt]
la montagne	**mountain**	[ˈmaʊntɪn]
la pente, le versant	**slope, side**	[sləʊp] [saɪd]
le sommet	**peak, summit**	[piːk] [ˈsʌmɪt]
le glacier	**glacier**	[ˈglæsjər]
l'avalanche	**avalanche**	[ˈævəlɑːnʃ]
le volcan	**volcano**	[vɒlˈkeɪnəʊ]
l'éruption volcanique	**volcanic eruption**	[vɒlˈkænɪkɪˈrʌpʃən]
le cratère	**crater**	[ˈkreɪtər]
la lave	**lava**	[ˈlɑːvə]
le tremblement de terre	**earthquake**	[ˈɜːθkweɪk]
la secousse tellurique	**seismic shock**	[ˈsaɪzmɪk ʃɒk]
le glissement de terrain	**landslide**	[ˈlændslaɪd]
la colline	**hill**	[hɪl]
la plaine	**plain**	[pleɪn]
le plateau	**plateau**	[ˈplætəʊ]
la vallée	**valley**	[ˈvælɪ]

au-dessus du niveau de la mer	**above sea-level**
en dessous du niveau de la mer	**below sea-level**
sur le continent européen	**on the mainland of Europe**
sur terre et sur mer	**by land and by sea**
dans le monde entier	**all over the world = worldwide**
La rivière sortit de son lit.	**The river broke its banks.**

31. NOMS DE PAYS ET DE CONTINENTS

l'Allemagne	**Germany**	['dʒɜːmənɪ]
l'Angleterre	**England**	['ɪŋglənd]
la Grande-Bretagne	**(Great) Britain**	[greɪt 'brɪtən]
l'Ecosse	**Scotland**	['skɒtlənd]
le Pays de Galles	**Wales**	[weɪlz]
l'Irlande	**Ireland**	['aɪələnd]
le Royaume-Uni	**the United Kingdom**	['kɪndəm]
l'Italie	**Italy**	['ɪtəlɪ]
l'Espagne	**Spain**	[speɪn]
le Portugal	**Portugal**	['pɔːtjʊgl]
la Grèce	**Greece**	[griːs]
l'Autriche	**Austria**	['ɒstrɪə]
la Suisse	**Switzerland**	['swɪtsələnd]
la Belgique	**Belgium**	['beldʒəm]
les Pays-Bas	**the Netherlands**	['neðələndz]
le Danemark	**Denmark**	['denmɑːk]
la Suède	**Sweden**	['swiːdn]
la Norvège	**Norway**	['nɔːweɪ]
la Finlande	**Finland**	['fɪnlənd]
l'Islande	**Iceland**	['aɪslənd]
la Pologne	**Poland**	['pəʊlənd]
la Hongrie	**Hungary**	['hʌngərɪ]
la République tchèque	**Czech Republic**	[tʃek rɪ'pʌblɪk]
la Slovaquie	**Slovakia**	[slə'vækɪə]
la Roumanie	**Romania**	[rəʊ'meɪnɪə]
la Bulgarie	**Bulgaria**	[bʌl'geərɪə]
l'Albanie	**Albania**	[æl'beɪnɪə]
la Russie	**Russia**	['rʌʃə]
l'Arménie	**Armenia**	[ɑ'miːnɪə]
l'Estonie	**Est(h)onia**	[e'stəʊnɪə]
la Lettonie	**Latvia**	['lætvɪə]
la Lituanie	**Lithuania**	[lɪθjʊ'eɪnɪə]
la Slovénie	**Slovenia**	[slə'viːnɪə]
la Croatie	**Croatia**	[krəʊ'eɪʃɪə]

la Turquie	**Turkey**	['tɜːkɪ]
l'Amérique	**America**	[ə'mərɪkə]
l'Amérique du Nord	**North America**	[nɔːθ ə'mərɪkə]
l'Amérique latine	**Latin America**	['lætɪn ə'mərɪkə]
l'Amérique centrale	**Central America**	['sentrəl ə'mərɪkə]
le Canada	**Canada**	['kænədə]
le Mexique	**Mexico**	['meksɪkəʊ]
le Brésil	**Brazil**	[brə'zɪl]
l'Argentine	**Argentina**	[ɑdʒən'tiːnə]
la Bolivie	**Bolivia**	[bə'lɪvɪə]
le Chili	**Chile**	['tʃɪlɪ]
le Pérou	**Peru**	[pə'ruː]
l'Equateur	**Ecuador**	['ekwədɔːr]
la Colombie	**Colombia**	[kə'lɒmbɪə]
le Vénézuéla	**Venezuela**	[vene'zweilə]
Cuba	**Cuba**	['kjuːbə]
l'Afrique	**Africa**	['æfrɪkə]
l'Algérie	**Algeria**	[æl'dʒɪərɪə]
le Maroc	**Morocco**	[mə'rɒkəʊ]
la Tunisie	**Tunisia**	[tjuː'nɪzɪə]
l'Egypte / la Libye	**Egypt / Libya**	['iːdʒɪpt] ['lɪbɪə]
l'Arabie saoudite	**Saudi Arabia**	['saʊdɪ ə'reɪbɪə]
le Koweit	**Kuwait**	[kʊ'weɪt]
Israël	**Israel**	['ɪzreɪl]
le Liban	**the Lebanon**	['lebənən]
l'Irak / l'Iran	**Iraq / Iran**	[ɪ'rɑːk] ɪ'rɑːn]
l'Ethiopie	**Ethiopia**	[iːθɪ'əʊpɪə]
le Tchad	**Chad**	[tʃæd]
la Côte d'Ivoire	**Ivory Coast**	['aɪvərɪ kəʊst]
l'Afrique du Sud	**South Africa**	[saʊθ 'æfrɪkə]
l'Asie	**Asia**	['eɪʃə]
la Chine	**China**	['tʃaɪnə]
l'Inde	**India**	['ɪndɪə]
le Japon	**Japan**	[dʒə'pæn]
la Birmanie	**Burma**	['bɜːmə]
la Thaïlande	**Thailand**	['taɪlænd]

32. ARBRES, FLEURS ET FRUITS

le bois - la forêt	wood - forest	[wʊd] ['fɒrɪst]
l'arbre	tree	[tri:]
le chêne - le hêtre	oak - beech	[əʊk] [bi:tʃ]
le saule (pleureur)	(weeping) willow	['wi:pɪŋ 'wɪləʊ]
le bouleau	birch	[bɜ:tʃ]
l'acajou	mahogany	[mə'hɒgənɪ]
le sapin - le pin	fir - pine	[fɜ:r] [paɪn]
l'aiguille	needle	['ni:dl]
la racine - le tronc	root - trunk	[ru:t] [trʌŋk]
l'écorce - la sève	bark - sap	[bɑ:k] [sæp]
la branche	branch	[brɑ:nʃ]
la feuille	leaf	[li:f]
le feuillage	foliage	['fəʊlɪɪdʒ]
le bourgeon	bud	[bʌd]
la fleur (d'un arbre)	bloom, blossom	[blu:m] ['blɒsəm]
la fleur - le pétale	flower - petal	['flaʊər] ['petl]
pousser, grandir	to grow	[grəʊ]
s'épanouir	to bloom, to blossom	[blu:m] ['blɒsəm]
être en fleur	to be in flower	[bi: ɪn 'flaʊər]
en fleur(s)	blooming, flowering	['blu:mɪŋ] ['flaʊərɪŋ]
cueillir	to pick, to pluck	[pɪk] [plʌk]
le pot de fleurs	flowerpot	['flaʊəpɒt]
se faner / fané	to wilt / wilted	[wɪlt] ['wɪltɪd]
le parfum, l'arôme	smell, fragrance	[smel] ['freɪgrəns]
sentir	to smell	[smel]
le bouquet	bunch	[bʌntʃ]
la tige	stem, stalk	[stem] [stɔ:k]
la tulipe - la rose	tulip - rose	['tju:lɪp] [rəʊz]
le rosier	rose tree, rose bush	[rəʊz tri:] [rəʊz bʊʃ]
l'épine	thorn	[θɔ:n]
le lis - le muguet	lily - lily of the valley	['lɪlɪ] ['lɪlɪ əv ðə 'vælɪ]
la violette	violet	['vaɪəlɪt]
la pâquerette	daisy	['deɪzɪ]

le myosotis	**forget-me-not**	[fəˈgetmɪnɒt]
l'oeillet	**carnation**	[kɑːˈneɪʃən]
le laurier	**laurel**	[ˈlɒrəl]
la plante	**plant**	[plɑːnt]
le buisson - la haie	**bush - hedge**	[bʊʃ] [hedʒ]
l'herbe	**grass**	[grɑːs]
le brin d'herbe	**blade of grass**	[bleɪd əv grɑːs]
l'herbe médicinale	**medicinal herb**	[meˈdɪsɪnl hɜːb]
la mauvaise herbe	**weed**	[wiːd]
la mousse	**moss**	[mɒs]
le champignon comestible	**mushroom, fungus**	[ˈmʌʃrʊm] [ˈfʌngəs]
	edible	[ˈedɪbl]
le champignon vénéneux	**toadstool**	[ˈtəʊdstuːl]
la truffe	**truffle**	[ˈtrʌfl]
le fruit	**fruit**	[fruːt]
l'arbre fruitier	**fruit-tree**	[fruːt triː]
la pomme - le pommie	**rapple - apple tree**	[ˈæpl] [ˈæpl triː]
la poire - le poirier	**pear - pear tree**	[peər] [peər triː]
la prune - le prunier	**plum - plum tree**	[plʌm] [plʌm triː]
l'abricot - l'abricotier	**apricot - apricot tree**	[ˈeɪprɪkɒt] [triː]
la cerise - le cerisier	**cherry - cherry tree**	[ˈtʃerɪ] [ˈtʃerɪ triː]
la pêche - le pêcher	**peach - peach tree**	[piːtʃ] [piːtʃ triː]
l'orange - l'oranger	**orange - orange tree**	[ˈɒrɪndʒ] [triː]
le pamplemousse	**grapefruit**	[ˈgreɪpfruːt]
le citron	**lemon**	[ˈlemən]
la mandarine	**mandarin**	[ˈmændərɪn]
la clémentine	**clementine**	[ˈkleməntaɪn]
la banane	**banana**	[bəˈnɑːnə]
l'ananas	**pineapple**	[ˈpaɪnˌæpl]
la fraise	**strawberry**	[ˈstrɔːbərɪ]
la framboise	**raspberry**	[ˈrɑːzbərɪ]
la mûre	**blackberry**	[ˈblækbərɪ]
la groseille	**currant**	[ˈkʌrənt]
le (grain de) raisin	**grape**	[greɪp]
la grappe de raisin	**bunch of grapes**	[bʌntʃ əv greɪps]

33. LES ANIMAUX FAMILIERS

l'animal	**animal**	['ænɪməl]
le mammifère	**mammal**	['mæməl]
le mâle	**male**	[meɪl]
la femelle	**female**	['fɪːmeɪl]
le chien	**dog**	[dɒg]
la chienne	**bitch**	[bɪtʃ]
aboyer	**to bark**	[bɑːk]
mordre	**to bite**	[baɪt]
la morsure	**bite**	[baɪt]
la patte	**paw**	[pɔː]
le museau	**muzzle**	['mʌzl]
la bouche, la gueule	**mouth**	[maʊθ]
la muselière	**muzzle**	['mʌzl]
la queue	**tail**	[teɪl]
le chat	**cat**	[kæt]
miauler	**to miaow, to mew**	[miˈaʊ] [mjuː]
la griffe	**claw**	[klɔː]
griffer	**to scratch, to claw**	[skrætʃ] [klɔː]
caresser	**to stroke**	[strəʊk]
le cheval	**horse**	[hɔːs]
la jument	**mare**	[meər]
le poulain	**foal, colt**	[fəʊl] [kəʊlt]
hennir	**to neigh, to whinny**	[neɪ] ['wɪnɪ]
la crinière	**mane**	[meɪn]
le sabot	**hoof** (*pl :* **hooves**)	[huːf] [huːvz]
le fer à cheval	**horseshoe**	['hɔːsʃuː]
l'âne	**donkey, ass**	['dɒŋkɪ] [æs]
le mulet	**mule**	[mjuːl]
le lapin	**rabbit**	['ræbɪt]
le lièvre	**hare**	[heər]
le cochon d'Inde	**guineapig**	['gɪnɪpɪg]
le hamster	**hamster**	['hæmstər]
le bétail	**livestock, cattle**	['laɪvstɒk] ['kætl]
le troupeau	**herd, flock**	[hɜːd] [flɒk]

la chèvre	**goat**	[gəʊt]
le mouton	**sheep**	[ʃiːp]
la laine	**wool**	[wʊl]
tondre	**to shear**	[ʃɪər]
l'agneau	**lamb**	[læm]
le bélier	**ram**	[ræm]
le porc	**pig, hog**	[pɪg] [hɒg]
la truie	**sow**	[saʊ]
la vache	**cow**	[kaʊ]
ruminer	**to ruminate**	['ruːmɪneɪt]
le lait	**milk**	[mɪlk]
traire	**to milk**	[mɪlk]
le boeuf	**ox (*pluriel:* oxen)**	[ɒks] ['ɒksn]
le taureau	**bull**	[bʊl]
la corrida	**bullfight**	['bʊlfaɪt]
la corne	**horn**	[hɔːn]
le veau	**calf (*pluriel:* calves)**	[kɑːf] [kɑːvz]
l'oiseau (migrateur)	**(migratory) bird**	[maɪ'greɪtərɪbɜːd]
voler	**to fly**	[flaɪ]
le vol	**flight**	[flaɪt]
l'aile	**wing**	[wɪŋ]
la volaille	**poultry**	['pəʊltrɪ]
la plume	**feather**	['feðər]
le bec	**beak, bill**	[biːk] [bɪl]
le nid	**nest**	[nest]
la cage	**cage**	[keɪdʒ]
l'oeuf	**egg**	[eg]
pondre	**to lay eggs**	[leɪegz]
la poule	**hen**	[hen]
le coq	**cock, rooster**	[kɒk] ['ruːstər]
le poulet	**chicken**	['tʃɪkɪn]
le poussin	**chick**	[tʃɪk]
le dindon	**turkey[cock]**	['tɜːkɪkɒk]
la dinde	**turkey[hen]**	['tɜːkɪhen]
le canard	**duck**	[dʌk]
l'oie	**goose (*pl.:* geese)**	[gʊːs] [giːs]

34. LES ANIMAUX SAUVAGES

le renard	**fox**	[fɒks]
le loup	**wolf** *(pl : wolves)*	[wʊlf] [wʊlvz]
le lion - la lionne	**lion - lioness**	['laɪən] ['laɪənɪs]
rugir	**to roar**	[rɔːr]
le tigre - la panthère	**tiger - panther**	['taɪgər] ['pænθər]
le singe - le gorille	**monkey - gorilla**	['mʌŋkɪ] [gə'rɪlə]
l'éléphant	**elephant**	['elɪfənt]
la trompe	**trunk**	[trʌŋk]
la défense	**tusk**	[tʌsk]
l'ivoire	**ivory**	['aɪvərɪ]
la girafe	**giraffe**	[dʒɪ'rɑːf]
le chameau	**camel**	['kæməl]
la bosse	**hump**	[hʌmp]
le dromadaire	**dromedary**	['drɒmɪdərɪ]
l'hippopotame	**hippo = hippopotamus**	['hɪpəʊ] ˌhɪpə'pɒtəməs]
le rhinocéros	**rhino = rhinoceros**	['raɪnəʊ] [raɪ'nɒsərəs]
l'ours (polaire)	**(polar) bear**	['pəʊlərbeər]
le cerf	**deer**	[dɪər]
le chevreuil	**roe [deer]**	[rəʊdɪər]
le sanglier	**[wild] boar**	[waɪldbɔːr]
le rongeur	**rodent**	['rəʊdənt]
l'écureuil	**squirrel**	['skwɪrəl]
le castor	**beaver**	['biːvər]
la marmotte	**marmot**	['mɑːmət]
le hibou	**owl**	[aʊl]
le cygne	**swan**	[swɒn]
la cigogne	**stork**	[stɔːk]
le paon	**peacock**	['piːkɒk]
l'autruche	**ostrich**	['ɒstrɪtʃ]

l'aigle	**eagle**	[ˈiːgl]
le faucon	**falcon, hawk**	[ˈfɔːlkən] [hɔːk]
le vautour	**vulture**	[ˈvʌltʃər]
le canari	**canary**	[kəˈneərɪ]
le corbeau	**raven**	[ˈreɪvən]
la pie	**magpie**	[ˈmægpaɪ]
le merle	**blackbird**	[ˈblækbɜːd]
la grive	**thrush**	[θrʌʃ]
le rossignol	**nightingale**	[ˈnaɪtɪŋgeɪl]
le moineau	**sparrow**	[ˈspærəʊ]
l'hirondelle	**swallow**	[ˈswɒləʊ]
l'alouette	**lark**	[lɑːk]
le coucou	**cuckoo**	[ˈkʊkuː]
la mouette	**gull, seagull**	[gʌl] [ˈsiːgʌl]
le perroquet	**parrot**	[ˈpærət]
le pigeon	**pigeon**	[pɪdʒən]
la colombe	**dove**	[dʌv]
la tourterelle	**turtledove**	[ˈtɜːtldʌv]
le rat	**rat**	[ræt]
la souris	**mouse (*pl. :* mice)**	[maʊs] [maɪs]
la chauve-souris	**bat**	[bæt]
le hérisson	**hedgehog**	[ˈhedʒhɒg]
la taupe	**mole**	[məʊl]
la chasse	**hunt, hunting**	[hʌnt] [ˈhʌntɪŋ]
le chasseur	**hunter**	[ˈhʌntər]
chasser	**to hunt**	[hʌnt]
le fusil - la carabine	**shotgun - rifle**	[ˈʃɒtgʌn] [ˈraɪfl]
la cartouche - la balle	**cartridge - bullet**	[ˈkɑːtrɪdʒ] [ˈbʊlɪt]
tirer, faire feu	**to shoot (shot) = to fire**	[ʃuːt] [ʃɒt] [ˈfaɪər]
blesser	**to wound, to injure**	[wuːnd] [ˈɪndʒər]
tuer	**to kill**	[kɪl]

79

35. LES SPORTS

le sport	**sport**	[spɔːt]
sportif, qui fait du sport	**sporty, sportsman**	['spɔːtɪ] ['spɔːtsmən]
sportif, fair-play	**sporting, fair**	['spɔːtɪŋ] [feər]
non sportif, anti-sportif	**unsporting**	[ʌn'spɔːtɪŋ]
la spécialité sportive	**(kind of) sport**	[kaɪnd əv spɔːt]
faire du sport	**to go in for sport**	[gəʊ ɪn fər spɔːt]
la culture physique	**physical exercise**	['fɪzɪkl 'eksəsaɪz]
l'entraînement	**training**	['treɪnɪŋ]
(s')entraîner	**to train**	[treɪn]
l'entraîneur	**trainer, coach**	['treɪnər] [kəʊtʃ]
le survêtement	**track-suit**	['træksuːt]
la chaussure de sport	**sports shoe**	['spɔːts ʃuː]
s'échauffer	**to warm up**	[wɔːm ʌp]
se qualifier	**to qualify**	['kwɒlɪfaɪ]
disqualifier	**to disqualify**	[dɪs'kwɒlɪfaɪ]
le premier tour	**first round**	[fɜːst raʊnd]
le tour éliminatoire	**qualifying round**	['kwɒlɪfaɪɪŋ raʊnd]
les quarts de finale	**quarter-finals**	['kwɔːtər 'faɪnlz]
le quart de finale	**quarter-final**	['kwɔːtər 'faɪnl]
la demi-finale	**semi-final**	['semɪ 'faɪnl]
la finale	**final(s)**	['faɪnlz]
le sportif de haut niveau	**top athlete**	[tɒp 'æθliːt]
le participant	**competitor, contestant**	[kəm'petɪtər] [kən'testənt]
la compétition	**competition, contest**	[ˌkɒmpɪ'tɪʃən] ['kɒntest]
le vainqueur	**winner**	['wɪnər]
la victoire	**victory, win**	['vɪktərɪ] [wɪn]
le perdant	**loser**	['luːzər]
la défaite	**defeat**	[dɪ'fiːt]
le détenteur du titre	**title holder**	['taɪtl 'həʊldər]
l'outsider	**outsider**	[ˌaʊt'saɪdər]
le favori	**favourite, *favorite***	['feɪvərɪt] ['feɪvərɪt]

le tournoi	**tournament**	['tʊənəmənt]
le stade	**stadium**	['steɪdɪəm]
le palais des sports	**sports hall**	[spɔːts hɔːl]
le résultat final	**final result**	['faɪnl rɪ'zʌlt]
gagner	**to win**	[wɪn]
perdre	**to lose**	[luːz]
le record (du monde)	**(world) record**	[wɜːld 'rekɔːd]
établir un record	**to set a record**	['rekɔːd]
le recordman	**record holder**	['rekɔːd 'həʊldər]
la performance	**performance**	[pə'fɔːməns]
le classement	**[results] table**	[rɪ'zʌlts 'teɪbl]
les Jeux Olympiques	**Olympic Games**	[ə'lɪmpɪk geɪmz]
le champion olympique	**Olympic champion**	[ə'lɪmpɪk 'tʃæmpjən]
la médaille d'or	**gold medal**	[gəʊld 'medl]
l'argent	**silver**	['sɪlvər]
le bronze	**bronze**	[brɒnz]
le podium	**podium**	['pəʊdɪəm]
le supporter	**fan, supporter**	[fæn] [sə'pɔːtər]
le public	**crowd, public**	[kraʊd] ['pʌblɪk]
le spectateur	**spectator**	[spek'teɪtər]
encourager	**to spur on, to cheer**	[spɜːrɒn] [tʃɪər]
applaudir	**to clap one's hands**	[klæp wʌns hændz]
huer, conspuer	**to boo**	[buː]
siffler	**to whistle**	['wɪsl]
les informations sportives	**sports news**	[spɔːts njuːz]
en direct	**live**	[laɪv]
en différé	**prerecorded**	[ˌpriːrɪ'kɔːdɪd]
au ralenti	**in slow motion**	[ɪn sləʊ 'məʊʃən]
le dopage	**doping**	['dəʊpɪŋ]
se doper	**to take drugs**	[teɪk drʌgz]
être dopé	**to have taken drugs**	[drʌgz]
le contrôle anti-doping	**dope test**	[dəʊp test]

Faites-vous du sport ?	**Do you do any sport?**
Il fait beaucoup de sport.	**He goes in for sport**

36. LES SPORTS D'ÉQUIPE

l'équipe	**team**	[ti:m]
l'esprit d'équipe	**team spirit**	[ti:m 'spɪrɪt]
le sport d'équipe	**team sport**	[ti:m spɔ:t]
le club	**club**	[klʌb]
jouer	**to play**	[pleɪ]
le joueur	**player**	['pleɪər]
le jeu, le match	**game**	[geɪm]
le match	**match**	[mætʃ]
le match international	**international match**	[ˌɪntəˈnæʃnəl mætʃ]
le champion (du monde)	**(world) champion**	[wɜ:ld'tʃæmpjən]
le championnat	**championship**	['tʃæmpjənʃɪp]
la coupe	**cup**	[kʌp]
le match de coupe	**cup-tie**	['kʌptaɪ]
être éliminé	**to be eliminated = to drop out**	[bi: ɪ'lɪmɪneɪtɪd] [drɒp aʊt]
le football	**football, soccer**	['fʊtbɔ:l] ['sɒkər]
le footballeur	**footballer**	['fʊtbɔ:lər]
le terrain de football	**football pitch**	['fʊtbɔ:l pɪtʃ]
la pelouse	**field, pitch**	[fi:ld] [pɪtʃ]
l'équipe de football	**football team**	['fʊtbɔ:l ti:m]
le ballon	**ball**	[bɔ:l]
le but	**goal**	[gəʊl]
le poteau	**[goal-]post**	['gəʊlpəʊst]
la barre transversale	**crossbar**	['krɒsbɑ:r]
le filet	**net**	[net]
marquer un but	**to kick a goal**	[kɪk ə gəʊl]
le but contre son camp	**own goal**	[əʊn gəʊl]
égaliser	**to equalize**	['i:kwəlaɪz]
l'égalisation	**equalizer**	['i:kwəlaɪzər]
le gardien de but	**goalkeeper**	['gəʊlˌki:pər]
le buteur	**[goal] scorer**	[gəʊl 'skɔ:rər]
l'attaquant	**forward**	['fɔ:wəd]
le défenseur	**defender**	[dɪ'fendər]

le meneur de jeu	**key player**	[ki: 'pleɪər]
l'arbitre	**referee**	[ˌrefəˈriː]
siffler	**to whistle**	[ˈwɪsl]
le sifflet	**whistle**	[ˈwɪsl]
le hors-jeu	**offside**	[ˈɒfsaɪd]
le coup-franc	**free kick**	[friː kɪk]
le penalty	**penalty [kick]**	[ˈpenəltɪ kɪk]
la surface de réparation	**penalty area**	[ˈpenəltɪ ˈeərɪə]
le corner	**corner**	[ˈkɔːnər]
la mi-temp	**shalf-time**	[hɑːftaɪm]
la prolongation	**extra-time**	[ˈekstrətaɪm]
Le match est terminé.	**The game is over.**	[ˈəʊvə]
le coup de sifflet final	**final whistle**	[ˈfaɪnl ˈwɪsl]
la séance de tirs au but	**decision by penalties**	
la victoire	**win**	[wɪn]
la défaite	**defeat**	[dɪˈfiːt]
le match nul	**draw**	[drɔː]
faire match nul	**to draw**	[drɔː]
le score	**score**	[skɔːr]
la première division	**first division**	[fɜːst dɪˈvɪʒən]
le hand-ball	**handball**	[ˈhændbɔːl]
le basket-ball	**basketball**	[ˈbɑːskɪtˌbɔːl]
le panier	**basket**	[ˈbɑːskɪt]
le volley-ball	**volleyball**	[ˈvɒlɪˌbɔːl]
le rugby	**rugby**	[ˈrʌgbɪ]
marquer un essai	**to score a try**	[skɔːr ə traɪ]

siffler le coup d'envoi	**to blow the whistle to start the game**
avoir trois buts d'avance	**to be three goals up**
Ils firent match nul 2-2.	**They drew two-all.**
Le match se termina sur un score nul.	**The match was drawn.**
L'équipe s'est qualifiée grâce à cette victoire.	**The team qualified with this win.**

37. LE TENNIS - L'ATHLÉTISME

le tennis	**tennis**	['tenɪs]
le court de tennis	**tennis court**	['tenɪs kɔːt]
la raquette	**racket**	['rækɪt]
la ligne de fond de court	**base line**	[beɪs laɪn]
le filet	**net**	[net]
le set	**set**	[set]
le jeu	**game**	[geɪm]
le point	**point**	[pɔɪnt]
le simple	**singles**	['sɪŋglz]
le double	**doubles**	['dʌblz]
le double mixte	**mixed doubles**	[mɪkst 'dʌblz]
le partenaire	**partner**	['pɑːtnər]
l'adversaire	**opponent**	[ə'pəʊnənt]
le service	**service, serve**	['sɜːvɪs] [sɜːv]
servir, être au service	**to serve**	[sɜːv]
le revers	**backhand**	['bækhænd]
le coup droit	**forehand**	['fɔːhænd]
la (double) faute	**(double) fault**	['dʌbl fɔːlt]
le smash	**smash**	[smæʃ]
Egalité !	**Deuce!**	[djuːs]
Avantage !	**Advantage!**	[əd'vɑːntɪdʒ]
Quinze zéro !	**Fifteen love!**	[fɪf'tiːn lʌv]
Trente A! 30 partout !	**Thirty all!**	['θɜːtɪ ɔːl]
la balle de break	**break point**	[breɪkpɔɪnt]
la balle de set	**set point**	[set pɔɪnt]
la balle de match	**match point**	[mætʃ pɔɪnt]
l'athlétisme	**(track and field) athletics**	[træk ənd fiːld æθ'letɪks]
l'athlète	**(track and field) athlete**	[træk ənd fiːld 'æθ'liːt]
courir (à pied)	**to run**	[rʌn]
courir, faire la course	**to race**	[reɪs]
la course (à pied)	**running**	['rʌnɪŋ]

la course	**race, racing**	[reɪs] [ˈreɪsɪŋ]
le coureur	**runner**	[ˈrʌnər]
la course de fond	**long-distance race**	[lɒŋˈdɪstəns reɪs]
le marathon	**marathon**	[ˈmærəθən]
le marathonien	**marathon runner**	[ˈmærəθən ˈrʌnər]
la piste	**[race] track**	[reɪs træk]
le tour (de piste)	**lap**	[læp]
le départ	**start**	[stɑːt]
le faux départ	**false start**	[fɔːls stɑːt]
la haie	**hurdle**	[ˈhɜːdl]
le coureur de haies	**hurdler**	[ˈhɜːdlər]
la course de haies	**hurdling**	[ˈhɜːdlɪŋ]
le relais	**relay [race]**	[ˈriːleɪ reɪs]
le chronomètre	**stop-watch**	[ˈstɒp wɒtʃ]
le décathlon	**decathlon**	[dɪˈkæθlən]
le décathlonien	**decathlete**	[dɪˈkæθliːt]
le pentathlon	**pentathlon**	[penˈtæθlən]
sauter	**to jump = to leap**	[dʒʌmp] [liːp]
le sauteur	**jumper**	[ˈdʒʌmpər]
le saut	**jump, leap**	[dʒʌmp] [liːp]
le saut en hauteur	**high jump**	[haɪdʒʌmp]
le sauteur en hauteur	**high jumper**	[haɪ ˈdʒʌmpər]
le saut à la perche	**pole vault**	[pəʊl vɔːlt]
le saut en longueur	**long jump**	[lɒŋ dʒʌmp]
	= broad jump	[brɔːd dʒʌmp]
le triple saut	**triple jump**	[ˈtrɪpl dʒʌmp]
lancerto	**throw**	[θrəʊ]
le lanceur	**thrower**	[ˈθrəʊər]
le lancer	**throw**	[θrəʊ]
le disque	**discus**	[ˈdɪskəs]
le discobole	**discus thrower**	[ˈdɪskəs ˈθrəʊər]
le javelot	**javelin**	[ˈdʒævlɪn]
le lancer de javelot	**javelin throwing**	[ˈdʒævlɪn ˈθrəʊɪŋ]
le lanceur de marteau	**hammer thrower**	[ˈhæmər ˈθrəʊər]
le lanceur de poids	**shot-putter**	[ˈʃɒtpʊtər]
le lancer de poids	**shot-putting**	[ˈʃɒtpʊtɪŋ]

38. AUTRES SPORTS

les sports d'hiver	winter sports	['wɪntər spɔːts]
la luge	sledge, toboggan	[sledʒ] [tə'bɒɡən]
faire de la luge	to sledge, to toboggan	[sledʒ] [tə'bɒɡən]
la piste de luge	toboggan-run	[tə'bɒɡən rʌn]
la luge	sledge, toboggan	[sledʒ] [tə'bɒɡən]
le patin à glace	[ice-]skate	[aɪs skeɪt]
le patinage sur glace	ice-skating	[aɪs 'skeɪtɪŋ]
faire du patin à glace	to ice-skate	[aɪs skeɪt]
le patinage artistique	figure skating	['fɪɡər 'skeɪtɪŋ]
le patinage de vitesse	speed skating	[spiːd 'skeɪtɪŋ]
le hockey sur glace	ice-hockey	[aɪs 'hɒkɪ]
la neige / neiger	snow / to snow	[snəʊ] [snəʊ]
l'alpiniste	mountaineer	[ˌmaʊntɪ'nɪər]
l'alpinisme	mountaineering	[ˌmaʊntɪ'nɪərɪŋ]
la natation	swimming	['swɪmɪŋ]
nager	to swim	[swɪm]
la piscine	swimming pool	['swɪmɪŋ puːl]
le maillot de bain	swim-suit	['swɪmsuːt]
la brasse	breast-stroke	[brest strəʊk]
le crawl	crawl	[krɔːl]
la nage libre	free-style	['friːstaɪl]
la nage sur le dos	backstroke	['bækstrəʊk]
la nage papillon	butterfly [stroke]	['bʌtəflaɪ strəʊk]
plonger	to dive	[daɪv]
le plongeoir	diving-board	['daɪvɪŋ bɔːd]
l'aviron (activité)	rowing	['rəʊɪŋ]
la rame, l'aviron	oar	[ɔːr]
le rameur	oar, oarsman, rower	[ɔːr] ['ɔːzmən] ['rəʊər]
le yachting	sailing	['seɪlɪŋ]
la voile	sail	[seɪl]
le voilier	sailing boat, sailboat	['seɪlɪŋ bəʊt] ['seɪlbəʊt]
la planche de surf	surf-board	['sɜːfbɔːd]

la planche à voile	**windsurf-board**	['wɪndsɜːfˌbɔːd]
monter à cheval	**to ride**	[raɪd]
l'équitation	**(horse-)riding**	[hɔːsˈraɪdɪŋ]
le cavalier	**rider**	['raɪdər]
le jockey	**jockey**	['dʒɒkɪ]
le cheval (de course)	**(race)horse**	['reɪshɔːs]
la course de chevaux	**horse-race**	[hɔːsreɪs]
le galop	**gallop**	['gæləp]
l'obstacle	**obstacle, fence**	['ɒbstəkl] [fens]
le pari	**bet**	[bet]
le parieur	**better**	['betər]
parier	**to bet**	[bet]
la course de voitures	**motor-race**	['məʊtər reɪs]
la voiture de course	**racing car**	['reɪsɪŋ kɑːr]
le circuit automobile	**[race] track**	[reɪs træk]
la course de formule 1	**formula-one-race**	['fɔːmjʊlə wʌn reɪs]
le rallye	**rally**	['rælɪ]
le sport cycliste	**cycle racing** = **cycling**	['saɪkl 'reɪsɪŋ] ['saɪklɪŋ]
la course cycliste	**cycle race**	['saɪkl reɪs]
l'étape	**stage**	[steɪdʒ]
le sprint	**sprint, spurt**	[sprɪnt] [spɜːt]
le maillot jaune	**yellow jersey**	['jeləʊ 'dʒɜːzɪ]
la gymnastique	**gymnastics**	[dʒɪm'næstɪks]
l'escrime	**fencing**	['fensɪŋ]
faire de l'escrime	**to fence**	[fens]
l'escrimeur	**fencer**	['fensər]
la lame	**blade**	[bleɪd]
le fleuret	**foil**	[fɔɪl]
le tir à l'arc	**archery**	['ɑːtʃərɪ]
l'arc / la flèche	**bow / arrow, dart**	[bəʊ] ['ærəʊ] [dɑːt]
la cible	**target**	['tɑːgɪt]
le judo	**judo**	['dʒuːdəʊ]
la boxe / le boxeur	**boxing / boxer**	['bɒksɪŋ] ['bɒksər]
le match de boxe	**boxing-match**	['bɒksɪŋ mætʃ]
le combat	**fight**	[faɪt]

39. BAIGNADE, LOISIRS, JEUX DE SOCIÉTÉ

la baignade	bathing	['beɪðɪŋ]
Baignade interdite !	No bathing!	[nəʊ 'beɪðɪŋ]
se baigner	to go swimming	[gəʊ 'swɪmɪŋ]
nager	to swim	[swɪm]
la piscine	swimming pool	['swɪmɪŋ puːl]
la plage	beach	[biːtʃ]
le sable	sand	[sænd]
le maillot de bain	swimming costume	['swɪmɪŋ 'kɒstjʊm]
les loisirs	leisure	['leʒər]
l'occupation, le loisir	leisure activity	['leʒər æk'tɪvɪtɪ]
le hobby	hobby	['hɒbɪ]
le divertissement	entertainment	[ˌentə'teɪnmənt]
le passe-temps	pastime	['pɑːstaɪm]
comme passe-temps	as a pastime	[æz ə 'pɑːstaɪm]
le divertissement	entertainment	[ˌentə'teɪnmənt]
s'amuser	to enjoy oneself	[ɪn'dʒɔɪ wʌn'self]
le jeu / jouer	game, play / to play	[geɪm] [pleɪ] [pleɪ]
le jouet	toy, plaything	[tɔɪ] ['pleɪθɪŋ]
le jeu vidéo	video game	['vɪdɪəʊgeɪm]
la manette de jeux	joystick	['dʒɔɪstɪk]
le jeu de société	party game	['pɑːtɪ geɪm]
le jeu d'échecs	[game of] chess	[geɪm əv tʃes]
jouer aux échecs	to play chess	[pleɪ tʃes]
l'échiquier	chessboard	['tʃes bɔːd]
le roi / la reine	king / queen	[kɪŋ] [kwiːn]
la tour	castle, rook	['kɑːsl] [rʊk]
le fou / le cavalier	bishop / knight	['bɪʃəp] [naɪt]
le pion (échecs)	pawn	[pɔːn]
Echec (au roi)!	Check!	[tʃek]
Echec et mat!	Check mate!	[tʃek meɪt]
le jeu de dames	draughts, checkers	[drɑːfts] ['tʃekəz]
le damier	draught(s)board, checkerboard	['drɑːftsbɔːd] ['tʃekəbɔːd]

le pion (jeu de dames)	**draughtsman**	[ˈdrɑːftsmən]
le jeu de cartes	**card game**	[kɑːd geɪm]
la carte	**card**	[kɑːd]
jouer aux cartes	**to play cards**	[pleɪ kɑːdz]
le coeur	**hearts**	[hɑːts]
la dame de coeur	**Queen of hearts**	[kwiːn əv hɑːts]
le pique	**spades**	[speɪdz]
le carreau	**diamonds**	[ˈdaɪəməndz]
le trèfle	**clubs**	[klʌbz]
l'as de trèfle	**ace of clubs**	[eɪs əv klʌbz]
le huit de trèfle	**eight of clubs**	[eɪt əv klʌbz]
l'as	**ace**	[eɪs]
le roi de carreau	**King of diamonds**	[kɪŋ əv ˈdaɪəməndz]
le valet	**jack**	[dʒæk]
l'atout	**trump**	[trʌmp]
couper, jouer atout	**to trump**	[trʌmp]
faire le pli	**to take the trick**	[teɪk ðə trɪk]
tricher aux cartes	**to cheat at cards**	[tʃiːt æt kɑːdz]
la règle du jeu	**rule of the game**	[ruːl əv ðə geɪm]
respecter les règles	**to follow the rules**	[ˈfɒləʊ ðə ruːlz]
tricher	**to cheat**	[tʃiːt]
le tricheur	**cheat**	[tʃiːt]
jouer pour de l'argent	**to play for money**	[pleɪ fɔːr ˈmʌni]
le jeu de dés	**game of dice**	[geɪm əv daɪs]
le dé / les dés	**die / dice**	[daɪ] [daɪs]
jouer aux dés	**to play [at] dice**	[pleɪ æt daɪs]
Les dés sont jetés !	**The die is cast!**	[ðə daɪ ɪz kɑːst]
le jeu de hasard	**game of chance**	[geɪm əv tʃɑːns]
pile ou face	**heads or tails**	[hedz ər teɪlz]

- Est-ce que tu viens à la plage ?	**- Are you coming to the beach?**
- Non, je reste au bord de la piscine.	**- No, I am staying at the poolside.**
Il est tout rouge ! / Il est bronzé.	**He is all red! / He is tanned.**
As-tu de la crème solaire ?	**Do you have any sun cream?**

40. SE DIVERTIR : CINÉMA, MUSIQUE

se divertir	**to enjoy oneself**	[ɪnˈdʒɔɪ wʌnˈself]
le cinéma (lieu)	**cinema**	[ˈsɪnəmə]
	movie theatre	[ˈmuːvɪ ˈθɪətər]
le film	**film, movie**	[fɪlm] [ˈmuːvɪ]
la superproduction	**blockbuster**	[ˈblɒkbʌstər]
la bande-annonce	**trailer**	[ˈtreɪlər]
aller au cinéma	**to go to the movies**	[ˈmuːvɪz]
	to go to the cinema	[ˈsɪnəmə]
	to go to the pictures	[ˈpɪktʃəz]
le cinéma d'animation	**cartoon film**	[kɑːˈtuːn fɪlm]
le dessin animé	**cartoon**	[kɑːˈtuːn]
l'écran	**screen**	[skriːn]
le scénario	**screenplay**	[ˈskriːnpleɪ]
le metteur en scène	**film director**	[fɪlm dɪˈrektər]
tourner un film	**to make a film**	[fɪlm]
la caméra	**camera**	[ˈkæmərə]
l'acteur	**(movie) actor**	[ˈmuːvɪ ˈæktər]
l'actrice	**actress**	[ˈæktrɪs]
la star	**star**	[stɑːr]
le rôle	**role, part**	[rəʊl] [pɑːt]
le premier rôle	**main role**	[meɪn rəʊl]
le cascadeur	**stuntman**	[ˈstʌntmən]
le sous-titre	**subtitle**	[ˈsʌbˌtaɪtl]
la version originale	**original version**	[əˈrɪdʒɪnl ˈvɜːʃən]
doubler (la voix)	**to dub**	[dʌb]
le doublage	**dubbing**	[ˈdʌbɪŋ]
la musique	**music**	[ˈmjuːzɪk]
le musicien	**musician**	[mjuːˈzɪʃən]
musical	**musical**	[ˈmjuːzɪkəl]
le chanteur	**singer**	[ˈsɪŋər]
chanter	**to sing**	[sɪŋ] [sæŋ] [sʌŋ]
le chant, la chanson	**song**	[sɒŋ]
le « tube »	**hit, hit-record**	[hɪt] [hɪt ˈrekɔːd]
Bravo !	**Bravo! / Well done!**	[brɑˈvəʊ] [ˈwel dʌn]
Une autre !	**Encore!**	[ˈɒŋkɔːr]

le couplet	**verse(of song)**	[vɜːs əv sɒŋ]
le refrain	**chorus, refrain**	['kɔːrəs] [rɪ'freɪn]
l'opéra (oeuvre)	**opera**	['ɒpərə]
l'opéra (bâtiment)	**opera house**	['ɒpərə haʊs]
le choeur	**chorus, choir**	['kɔːrəs] ['kwaɪər]
chanter en choeur	**to sing in chorus**	[sɪŋ ɪn 'kɔːrəs]
la boîte de nuit	**night club**	[naɪt klʌb]
le cabaret	**cabaret**	['kæbəreɪ]
le spectacle	**show**	[ʃəʊ]
le spectateur	**spectator**	[spek'teɪtər]
Entrée libre.	**Free admission.**	[friː əd'mɪʃən]
C'est fermé.	**It is closed.**	[ɪts kləʊzd]
C'est ouvert.	**It is open.**	[ɪts 'əʊpən]
l'électrophone	**record-player**	['rekɔːd pleɪər]
le lecteur de CD	**CD-player**	[sɪdɪ 'pleɪər]
le disque	**record**	['rekɔːd]
le magnétophone	**tape recorder**	[teɪp rɪ'kɔːdər]
le haut-parleur	**(loud)speaker**	[laʊd 'spiːkər]
la chaîne hifi	**hi-fi-set**	['haɪfaɪset]
le casque	**headphones**	['hedfəʊnz]
l'instrument de musique	**musical instrument**	['mjuːzɪkəl ɪnstrʊmənt]
le piano	**piano**	['pjænəʊ]
le clavier	**keyboard**	['kiːbɔːd]
la touche	**key**	[kiː]
la guitare	**guitar**	[gɪ'tɑːr]
la corde	**string**	[strɪŋ]
le violon	**violin**	[ˌvaɪə'lɪn]
l'archet	**bow**	[bəʊ]
le violoncelle	**cello**	['tʃeləʊ]
la flûte	**flute, pipe**	[fluːt] [paɪp]
la trompette	**trumpet**	['trʌmpɪt]
le tambour	**drum**	[drʌm]
l'orchestre	**orchestra**	['ɔːkɪstrə]
le chef d'orchestre	**conductor**	[kən'dʌktər]

41. RADIO - TÉLÉVISION - JOURNAUX

les médias	**media**	['miːdɪə]
le poste de radio	**radio set**	['reɪdɪəʊ set]
la station de radio	**radio station**	['reɪdɪəʊ 'steɪʃən]
l'auditeur	**radio listener**	['reɪdɪəʊ 'lɪsnər]
allumer (un appareil)	**to switch on**	[swɪtʃ ɒn]
fermer (un appareil)	**to switch off**	[swɪtʃ ɒf]
l'émission	**programme**	['prəʊɡræm]
la diffusion	**broadcasting**	['brɔːdkɑːstɪŋ]
diffuser	**to broadcast**	['brɔːdkɑːst]
les ondes moyennes	**medium wave**	['miːdɪəm weɪv]
les grandes ondes	**long wave**	[lɑŋ weɪv]
les ondes courtes	**short wave**	[ʃɔːt weɪv]
la modulation de fréquence	**frequency modulation**	[ˌmɒdjʊ'leɪʃən] ['friːkwənsɪ]
capter	**to receive**	[rɪ'siːv]
la télévision	**television, telly**	['telɪˌvɪʒən] ['telɪ]
le téléviseur	**TV set**	['tiːviːset]
la télévision couleur	**colour television**	['kʌlər 'telɪˌvɪʒən]
la télévision par cable	**cable television**	['keɪbl 'telɪˌvɪʒən]
la télécommande	**remote control**	[rɪ'məʊt kən'trəʊl]
le petit écran	**television screen**	['telɪˌvɪʒən skriːn]
la télé (fam.)	**gogglebox, tube**	['ɡɒɡlbɒks] [tjuːb]
la chaîne (de télé)	**channel**	['tʃænl]
le taux d'écoute	**viewing figures**	['vjuːɪŋ 'fɪɡəz]
regarder la télévision	**to watch television**	[wɒtʃ]
le téléspectateur	**television viewer**	['vjuːər]
changer de chaîne	**to switch channels** **to change channels**	[swɪtʃ tʃænəlz] ['tʃeɪndʒ]
la retransmission télévisée	**television broadcast**	['telɪˌvɪʒən 'brɔːdkɑːst]
l'émission en direct	**live programme**	[laɪv 'prəʊɡræm]
la publicité	**advertising**	['ædvətaɪzɪŋ]
le spot publicitaire	**commercial, ad**	[kə'mɜːʃəl] [æd]
l'antenne parabolique	**dish**	[dɪʃ]

la presse	**press**	[pres]
censurer	**to censor**	['sensər]
le journal	**[news]paper**	['nju:zˌpeɪpər]
le gros titre	**headline**	['hedlaɪn]
le quotidien	**daily [paper]**	['deɪlɪ 'peɪpər]
l'hebdomadaire	**weekly [magazine]**	['wi:klɪ ˌmægəˈzi:n]
l'article	**article**	['ɑ:tɪkl]
la presse à sensation	**popular press**	['pɒpjʊlər pres]
l'agence de presse	**news agency**	[nju:z 'eɪdʒənsɪ]
l'information	**[piece of] news**	[pi:s əv nju:z]
les informations	**news**	[nju:z]
les infos	**news report**	[nju:z rɪ'pɔ:t]
le reportage	**report**	[rɪ'pɔ:t]
le reporter	**reporter**	[rɪ'pɔ:tər]
le journaliste	**journalist**	['dʒɜ:nəlɪst]
le journalisme	**journalism**	['dʒɜ:nəlɪzəm]
éditer, publier	**to issue**	['ɪsju:]
l'édition, l'exemplaire	**issue**	['ɪsju:]
le numéro, l'exemplaire	**copy**	['kɒpɪ]

Il lit le journal.	**He is reading the [news]paper.** **He reads the [news]paper.**
Il écoute la radio.	**He is listening to the radio.** **He listens to the radio.**
Il regarde la télévision.	**He is watching the television.** **He watches the television.**
Il écoute les informations.	**He is listening to the news.** **He listens to the news.**
Baisse la radio !	**Turn the radio down!**
changer de chaîne	**to switch to another channel**
Qu'y a-t-il ce soir à la télé ?	**What's on television tonight?**
Qu'y a-t-il de neuf aux informations ?	**Is there anything new on the news?**
Avez-vous des nouvelles de France ?	**Do you have any news of France?**
entendre quelque chose à la radio	**to hear (heard) something on the radio**

42. ARTS, CULTURE ET LITTÉRATURE

l'art, les beaux arts	**art, fine arts**	[ɑ:t] [faɪn ɑ:ts]
l'artiste	**artist**	['ɑ:tɪst]
l'oeuvre d'art	**work of art**	[wɜ:k əv ɑ:t]
artistique	**artistic**	[ɑ:'tɪstɪk]
artificiel	**artificial**	[ˌɑ:tɪ'fɪʃəl]
la peinture	**art, painting**	[ɑ:t] ['peɪntɪŋ]
le peintre	**painter, artist**	['peɪntər] ['ɑ:tɪst]
le tableau	**painting**	['peɪntɪŋ]
dessiner	**to draw**	[drɔ:] [dru:] [drɔ:n]
le dessinateur	**drawer**	[drɔ:ər]
le dessin	**drawing**	[drɔ:ɪŋ]
l'architecture	**architecture**	['ɑ:kɪtektʃər]
l'architecte	**architect**	['ɑ:kɪtekt]
la sculpture	**sculpture**	['skʌlptʃər]
le sculpteur	**sculptor**	['skʌlptər]
la statue	**statue**	['stætju:]
le musée	**museum**	[mju:'zɪəm]
l'exposition	**exhibition**	[ˌeksɪ'bɪʃən]
la collection	**collection**	[kə'lekʃən]
collectionner	**to collect**	[kə'lekt]
la culture	**culture**	['kʌltʃər]
cultivé	**cultured, cultivated**	['kʌltʃəd] ['kʌltɪveɪtɪd]
l'écrivain / l'auteur	**writer / author**	['raɪtər]['ɔ:θər]
le droit d'auteur	**copyright**	['kɒpɪraɪt]
la littérature	**literature**	['lɪtərətʃər]
littéraire	**literary**	['lɪtərəri]
le roman	**novel**	['nɒvəl]
le romancier	**novelist**	['nɒvəlɪst]
la nouvelle	**novella**	[nə'velə]
le théâtre	**theatre, theater**	['θɪətər] ['θɪətər]
la pièce de théâtre	**[stage] play**	[steɪdʒ pleɪ]
la scène [d'un théâtre]	**stage**	[steɪdʒ]
mettre en scène	**to stage**	[steɪdʒ]

la mise en scène	**staging, production**	['steɪdʒɪŋ] ['prə'dʌkʃən]
la représentation (théâtrale)	**performance**	[pə'fɔːməns]
représenter, jouer	**to perform**	[pə'fɔːm]
le personnage	**character**	['kærɪktər]
le héros	**hero* (*pl* : heroes)**	['hɪərəʊ] ['hɪərəʊz]
l'acte	**act**	[ækt]
la scène (d'une pièce)	**scene**	[siːn]
le monologue	**monologue**	['mɒnəlɒg]
le dialogue	**dialogue**	['daɪəlɒg]
la comédie	**comedy**	['kɒmɪdɪ]
la tragédie	**tragedy**	['trædʒɪdɪ]
le poème	**poem**	['pəʊɪm]
la poésie	**poetry**	['pəʊɪtrɪ]
le poète	**poet**	['pəʊɪt]
le vers	**verse**	[vɜːs]
la rime/rimer	**rhyme/to rhyme**	[raɪm][raɪm]

Autant en emporte le vent	**Gone with the Wind (Margaret Mitchell)**
La case de l'oncle Tom	**Uncle Tom's Cabin (Harriet Beecher-Stowe)**
L'adieu aux armes	**A farewell to arms (Ernest Hemingway)**
Pour qui sonne le glas	**For whom the bell tolls (Ernest Hemingway)**
Le vieil homme et la mer	**The old Man and the Sea (Ernest Hemingway)**
L'appel de la forêt	**The Call of the Wild (Jack London)**
Croc-Blanc	**White Fang (Jack London)**
Les sorcières de Salem	**The Crucible (Arthur Miller)**
Mort d'un commis voyageur	**Death of a Salesman (Arthur Miller)**
Les désaxés	**The Misfits (Arthur Miller)**
Les histoires extraordinaires	**Tales of the Grotesque and Arabesque (Edgar Poe)**

43. ORTHOGRAPHE ET GRAMMAIRE

l'accent	**accent**	['æksənt]
l'accent tonique	**stress**	[stres]
accentuer	**to stress**	[stres]
la prononciation	**pronunciation**	[prəˌnʌnsɪ'eɪʃən]
prononcer	**to pronounce**	[prə'naʊns]
le son	**sound**	[saʊnd]
la voyelle	**vowel**	['vaʊəl]
la consonne	**consonant**	['kɒnsənənt]
la diphtongue	**diphthong**	['dɪfθɒŋ]
la syllabe	**syllable**	['sɪləbl]
la lettre	**letter**	['letər]
épeler	**to spell**	[spel]
la majuscule	**capital (letter)**	['kæpɪtl 'letər]
la minuscule	**small letter**	[smɔ:l 'letər]
le mot	**word**	[wɜ:d]
le jeu de mots	**pun**	[pʌn]
	play on words	[pleɪ ɒn wɜ:dz]
le vocabulaire	**vocabulary**	[və'kæbjʊlərɪ]
le dictionnaire	**dictionary**	['dɪkʃənərɪ]
la signification	**meaning**	['mi:nɪŋ]
le sens	**sense**	[sens]
signifier	**to mean**	[mi:n]
traduire (en)	**to translate (into)**	[træns'leɪt 'ɪntə]
la traduction	**translation**	[træns'leɪʃən]
l'orthographe	**spelling**	['spelɪŋ]
la faute (d'orthographe	**(spelling) mistake**	['spelɪŋ mɪ'steɪk]
corriger	**to correct**	[kə'rekt]
le signe de ponctuation	**punctuation mark**	[pʌŋktʃʊ'eɪʃən mɑ:k]
le point	**full stop, period**	[fʊl stɒp] ['pɪərɪəd]
mettre un point	**to put a full stop**	[pʊt ə fʊl stɒp]
la virgule	**comma**	['kɒmə]
le point virgule	**semicolon**	['semɪˌkəʊlən]
les deux points	**colon**	['kəʊlən]
le point d'interrogation	**question mark**	['kwestʃən mɑ:k]

le point d'exclamation	**exclamation mark**	[eksklə'meɪʃən maːk]
le point de suspension	**suspension point**	[sə'spenʃən pɔɪnt]
le guillemet	**quote mark**	[kwəʊt maːk]
Ouvrez les guillemets!	**Quote!**	[kwəʊt]
Fermez les guillemets!	**Unquote!**	[ʌn'kwəʊt]
le tiret	**dash**	[dæʃ]
le trait d'union	**hyphen**	['haɪfən]
la parenthèse	**bracket**	['brækɪt]
entre parenthèses	**in brackets**	[ɪn 'brækɪts]
Ouvrez les parenthèses!	**Open brackets!**	['əʊpən 'brækɪts]
Fermez les parenthèses!	**Close brackets!**	[kləʊs 'brækɪts]
le crochet	**square bracket**	['skweər 'brækɪt]
l'astérisque	**asterisk**	['æstərɪsk]
la grammaire	**grammar**	['græmər]
grammatical	**grammatical**	[grə'mætɪkəl]
la règle de grammaire	**grammatical rule**	[grə'mætɪkəl ruːl]
l'exception	**exception**	[ɪk'sepʃən]
la phrase	**sentence**	['sentəns]
la proposition (principale)	**(main) clause**	[meɪnklɔːz]
le verbe	**verb**	[vɜːb]
l'auxiliaire	**auxiliary verb**	[ɔːg'zɪljərɪ vɜːb]
le temps (d'un verbe)	**tense**	[tens]
le présent	**present [tense]**	['prezənt tens]
le passé	**past [tense]**	[paːst tens]
le futur	**future [tense]**	['fjuːtʃər tens]
le prétérit	**preterite**	['pretərɪt]
le parfait	**perfect [tense]**	['pɜːfɪkt tens]
le plus-que-parfait	**past perfect**	[paːst 'pɜːfɪkt]
le participe	**participle**	['paːtɪsɪpl]
le nom commun	**noun**	[naʊn]
le nom propre	**proper noun**	['prɒpər naʊn]
le pronom	**pronoun**	['prəʊnaʊn]
le pronom personnel	**personal pronoun**	['pɜːsənl 'prəʊnaʊn]

44. LA SANTÉ - LA MALADIE

la santé	**health**	[helθ]
sain, en bonne	**santéhealthy**	['helθɪ]
en bonne santé	**in good health**	[ɪn gʊd helθ]
l'état de santé	**state of health**	[steɪt əv helθ]
Comment vas-tu ?	**How are you?**	[haʊ ɑːr juː]
Je vais bien, merci.	**I'm fine, thanks.**	[aɪm faɪn θæŋks]
la maladie	**illness, disease**	['ɪlnɪs] [dɪ'ziːz]
malade	**ill, sick**	[ɪl] [sɪk]
gravement malade	**seriously ill**	['sɪərɪəslɪ ɪl]
tomber malade	**to become ill**	[bɪ'kʌm ɪl]
	to fall ill	[fɔːl ɪl]
guérir, soigner	**to cure, to heal**	[kjʊər] [hiːl]
(in)curable	**(in)curable**	[(ɪn)'kjʊərəbl]
la guérison	**healing**	['hiːlɪŋ]
la convalescence	**recovery**	[rɪ'kʌvərɪ]
	convalescence	[ˌkɒnvə'lesəns]
se remettre de	**to recover from**	[rɪ'kʌvər]
Bon rétablissement !	**Get well soon!**	[get wel suːn]
être hors de danger	**to be out of danger**	['deɪndʒər]
se sentir bien	**to feel well**	[fiːl wel]
se sentir malade	**to feel sick**	[fiːl sɪk]
faire mal	**to hurt**	[hɜːt]
Où avez-vous mal ?	**Where does it hurt?**	[hɜːt]
la douleur	**pain, ache**	[peɪn] [eɪk]
douloureux	**painful**	['peɪnfʊl]
le mal de tête	**headache**	['hedeɪk]
la souffrance	**suffering**	['sʌfərɪŋ]
souffrir de	**to suffer from**	['sʌfər frɒm]
souffrir d'une maladie	**to suffer from a disease**	['sʌfər frɒm ə dɪ'ziːz]
le rhume	**cold**	[kəʊld]
s'enrhumer	**to catch [a] cold**	[kætʃ ə kəʊld]
tousser	**to cough**	[kɒf]
la toux	**cough**	[kɒf]

éternuer	**to sneeze**	[sniːz]
A vos souhaits !	**Bless you!**	[bles juː]
la grippe	**influenza, flu**	[ˌɪnflʊˈenzə] [fluː]
la grippe aviaire	**bird flu**	[bɜːd fluː]
la grippe porcine	**swine flu**	[swaɪn fluː]
la fièvre	**fever**	[ˈfiːvər]
la contagion	**contagion**	[kənˈteɪdʒən]
contagieux	**contagious**	[kənˈteɪdʒəs]
l'infection	**infection**	[ɪnˈfekʃən]
infectieux	**infectious**	[ɪnˈfekʃəs]
contaminer	**to contaminate**	[kənˈtæmɪneɪt]
l'épidémie	**epidemic**	[ˌepɪˈdemɪk]
la vaccination	**vaccination**	[ˌvæksɪˈneɪʃən]
le vaccin	**vaccine**	[ˈvæksiːn]
le cancer	**cancer**	[ˈkænsər]
la tumeur	**tumour**	[ˈtjuːmər]
le sida	**aids**	[eɪdz]
séro-positif	**HIV-positive**	[eɪtʃ aɪ viː ˈpɒzɪtɪv]
la crise cardiaque	**heart attack**	[hɑːt əˈtæk]
le trouble circulatoire	**circulatory trouble**	[ˌsɜːkjʊˈleɪtərɪ ˈtrʌbl]
le cholestérol	**cholesterol**	[kɒˈlestərəl]
le taux de cholestérol	**cholesterol level**	[kɒˈlestərəl ˈlevl]
le poids	**weight**	[weɪt]
avoir un excès de poids	**to be overweight**	[ˈəʊvəˈweɪt]
peser	**to weigh**	[weɪ]
grossir	**to get fat[ter]**	[get fæt(ər)]
gros	**fat**	[fæt]
maigre	**thin**	[θɪn]
mince, élancé	**slim**	[slɪm]
la blessure	**injury**	[ˈɪndʒərɪ]
la cicatrice	**scar**	[skɑːr]
la bosse	**bump**	[bʌmp]
l'égratignure	**scratch**	[skrætʃ]
l'ecchymose, le bleu	**bruise**	[bruːz]
l'oeil au beurre noir	**black eye**	[blæk aɪ]
se casser la jambe	**to break one's leg**	[breɪk]

45. LA MÉDECINE - LA CHIRURGIE

la médecine	**medicine**	['medsɪn]
le médecin	**doctor, physician**	['dɒktər] [fɪ'zɪʃən]
médical	**medical**	['medɪkəl]
établir un diagnosticto	**make a diagnosis**	[ˌdaɪəg'nəʊsɪs]
ausculter un patient	**to examine a patient**	[ɪg'zæmɪn]
l'ordonnance	**prescription**	[prɪ'skrɪpʃən]
le médicament	**medicine**	['medsɪn]
prescrire	**to prescribe**	[prɪ'skraɪb]
le cachet	**tablet**	['tæblɪt]
la pilule	**pill**	[pɪl]
le traitement	**treatment**	['triːtment]
efficace	**effective**	[ɪ'fektɪv]
inefficace	**ineffective**	[ˌɪnɪ'fektɪv]
agir, faire de l'effet	**to take effect**	[teɪk ɪ'fekt]
l'effet (produit)	**effect**	[ɪ'fekt]
la pharmacie	**pharmacy**	['fɑːməsɪ]
	drugstore	['drʌgstɔːr]
le pharmacien	**chemist**	['kemɪst]
le généraliste	**general practitioner**	['dʒenərəl præk'tɪʃənər]
le spécialiste	**specialist**	['speʃəlɪst]
l'oculiste	**eye specialist**	[aɪ 'speʃəlɪst]
la paire de lunettes	**[pair of] glasses**	[peər əv 'glɑːsɪz]
la lentille de contact	**contact lens**	['kɒntækt lenz]
le dentiste	**dentist**	['dentɪst]
le mal de dents	**toothache**	['tuːθeɪk]
la carie dentaire	**dental decay**	['dentl dɪ'keɪ]
le plombage	**filling**	['fɪlɪŋ]
plomber une dent	**to fill a tooth**	[fɪl ə tuːθ]
l'oto-rhino-laryngologiste	**ear, nose and throat specialist**	[ɪə nəʊz ənd θrəʊt 'speʃəlɪst]
l'homéopathie	**homoeopathy**	[həʊmɪ'ɒpəθɪ]
la chirurgie	**surgery**	['sɜːdʒərɪ]
le chirurgien	**surgeon**	['sɜːdʒən]
opérer	**to operate**	['ɒpəreɪt]

la transplantation	**transplant**	['trɑːnsplɑːnt]
	transplantation	[ˌtrænsplɑːnˈteɪʃən]
transplanter, greffer	**to transplant**	[trænsˈplɑːnt]
le rejet	**rejection**	[rɪˈdʒekʃən]
l'hôpital	**hospital**	['hɒspɪtl]
l'infirmier	**male nurse**	[meɪl nɜːs]
l'infirmière	**nurse**	[nɜːs]
l'ambulance	**ambulance**	['æmbjʊləns]
J'ai chaud	**I'm warm = I feel warm**	[aɪm wɔːm] [aɪ fiːl wɔːm]
le coup de chaleur	**heatstroke**	[hiːtstrəʊk]
suer	**to sweat**	[swet]
transpirer	**to perspire**	[pəˈspaɪər]
la sueur	**sweat**	[swet]
la transpiration	**perspiration**	[ˌpɜːspəˈreɪʃən]
sensible au froid	**sensitive to cold**	['sensɪtɪv tuː kəʊld]
être frileux	**to feel the cold**	[fiːl θə kəʊld]
J'ai froid	**I'm cold**	[aɪm kəʊld]
Je gèle	**I'm freezing**	[aɪm ˈfriːzɪŋ]
frissonner	**to shiver**	['ʃɪvər]
trembler de froid	**to shiver with cold**	['ʃɪvər wɪð kəʊld]

passer une visite médicale	**to have a medical examination**
Il faut que je voie un médecin.	**I have to see a doctor.**
Comment vous sentez-vous ?	**How are you feeling?**
Je ne me sens pas très bien.	**I don't feel very well.**
Je me sens mal.	**I feel unwell.**
Je me sens bien.	**I feel fine.**
Je me sens mieux.	**I feel better.**
J'ai attrapé un rhume.	**I have caught a cold.**
J'ai une indigestion.	**I have (got) indigestion.**
J'ai mal à la tête.	**I have a headache.**
J'ai de la fièvre.	**I have a temperature.**
J'ai des frissons et je tousse.	**I am shivering and coughing.**
Où y a-t-il une pharmacie ?	**Where can I find a pharmacy?**
avoir la chair de poule	**to have goose-pimples**

46. LE CORPS HUMAIN

le corps	body	['bɒdɪ]
la tête	head	[hed]
le crâne	skull	[skʌl]
le cerveau	brain	[breɪn]
le visage	face	[feɪs]
l'oeil	eye	[aɪ]
la paupière	eyelid	['aɪlɪd]
le sourcil	eyebrow	['aɪbraʊ]
le cil	eyelash	['aɪlæʃ]
la tempe	temple	['templ]
la joue	cheek	[tʃiːk]
le front	forehead, brow	['fɔːhed] [braʊ]
le menton	chin	[tʃɪn]
le nez	nose	[nəʊz]
la narine	nostril	['nɒstrəl]
la bouche	mouth	[maʊθ]
la lèvre	lip	[lɪp]
la langue	tongue	[tʌŋ]
la dent	tooth (*pl* : teeth)	[tuːθ] [tiːθ]
l'oreille	ear	[ɪər]
le(s) cheveu(x)	hair	[heər]
le cou	neck	[nek]
la gorge	throat	[θrəʊt]
l'épaule	shoulder	['ʃəʊldər]
le membre	limb	[lɪm]
le bras	arm	[ɑːm]
le coude	elbow	['elbəʊ]
la main	hand	[hænd]
le doigt	finger	['fɪŋgər]
le pouce	thumb	[θʌm]
l'ongle	(finger)nail	['fɪŋgəneɪl]
le poing	fist	[fɪst]
la jambe	leg	[leg]
le genou	knee	[niː]

le pied	**foot (*pl* : feet)**	[fʊt] [fiːt]
l'orteil	**toe**	[təʊ]
sur la pointe des pieds	**on tiptoe**	[ɒn ˈtɪptəʊ]
le coeur	**heart**	[hɑːt]
la poitrine	**breast, chest**	[brest] [tʃest]
le poumon	**lung**	[lʌŋ]
le sang	**blood**	[blʌd]
la peau	**skin**	[skɪn]
le muscle	**muscle**	[ˈmʌsl]
l'os	**bone**	[bəʊn]
le dos	**back**	[bæk]
la côte	**rib**	[rɪb]
la colonne vertébrale	**spinal column**	[ˈspaɪnl ˈkɒləm]
la vertèbre	**vertebra**	[ˈvɜːtɪbrə]
le ventre	**tummy**	[ˈtʌmɪ]
le rein	**kidney**	[ˈkɪdnɪ]
le foie	**liver**	[ˈlɪvər]
l'estomac	**stomach**	[ˈstʌmək]
la vue, la vision	**sight**	[saɪt]
l'ouïe	**hearing**	[ˈhɪərɪŋ]
[le sens de] l'odorat	**sense of smell**	[sens əv smel]
le [sens du] toucher	**sense of touch**	[sens əv tʌtʃ]
toucher	**to touch**	[tʌtʃ]
le [sens du] goût	**sense of taste**	[sens əv teɪst]
voir	**to see**	[siː]
apercevoir	**to catch sight of**	[kætʃ saɪt əv]
regarder	**to look at, to watch**	[lʊk æt] [wɒtʃ]
le regard	**look, glance, gaze**	[lʊk] [glɑːns] [geɪz]
observer	**to observe, to watch**	[əbˈzɜːv] [wɒtʃ]
myope	**short-sighted**	[ʃɔːˈsaɪtɪd]
presbyte	**far-sighted**	[fɑːˈsaɪtɪd]
aveugle	**blind**	[blaɪnd]
la cécité	**blindness**	[ˈblaɪndnɪs]
entendre	**to hear**	[hɪər]
écouter	**to listen to**	[ˈlɪsn tuː]
entendre parler de	**to hear of**	[hɪər əv]

47. GESTES ET MOUVEMENTS

le mouvement	movement	['mu:vmənt]
le geste	gesture	['dʒestʃər]
bouger	to move	[mu:v]
immobile	motionless, still	['məʊʃnlɪs] [stɪl]
ne pas bouger	to keep still	[ki:p stɪl]
se lever, se mettre debout	to stand up	[stænd ʌp]
se lever, quitter son lit	to get out of bed	[get aʊt əv bed]
être debout	to stand	[stænd]
	to be standing	[bi: 'stændɪŋ]
s'allonger, se coucher	to lie down	[laɪ daʊn]
aller se coucher	to go to bed	[gəʊ tu: bed]
être allongé, couché	to lie	[laɪ]
couché	lying	['laɪɪŋ]
s'asseoir	to sit down	[sɪt daʊn]
être assis	to be sitting	[bi: 'sɪtɪŋ]
	to be seated	[bi: 'si:tɪd]
s'accroupir	to squat down	[skwɒt daʊn]
être accroupi	to squat	[skwɒt]
s'agenouiller	to kneel down	[ni:l daʊn]
être à genoux	to kneel	[ni:l]
s'appuyer	to lean	[li:n]
être appuyé	to be leaning	[bi: 'li:nɪŋ]
se pencher	to bend	[bend]
aller à pied	to go on foot	[fʊt]
marcher	to walk	[wɔ:k]
à pied	on foot	[ɒn fʊt]
le coup de pied	kick	[kɪk]
frapper du pied	to kick	[kɪk]
le coup de poing	punch	[pʌntʃ]
frapper du poing	to punch	[pʌntʃ]
la gifle, la claque	slap (on the face)	[slæp ɒn ðə feɪs]
la poignée de main	handshake	['hændʃeɪk]
le pas	step	[step]

se dépêcher	**to hurry (up)**	['hʌrɪ (ʌp)]
courir	**to run**	[rʌn]
sauter	**to jump**	[dʒʌmp]
le saut	**jump, leap**	[dʒʌmp] [liːp]
tomber	**to fall**	[fɔːl]
trébucher	**to stumble**	['stʌmbl]
glisser, déraper	**to slide (slid),**	[slaɪd] [slɪd]
sortir	**to go out**	[gəʊ aʊt]
avancer	**to advance, to go forward**	[əd'vɑːns] [gəʊ 'fɔːwəd]
reculer	**to step back**	[step bæk]
s'en aller	**to go away**	[gəʊ ə'weɪ]
partir	**to leave**	[liːv]
le depart	**departure**	[dɪ'pɑːtʃər]
arriver / l'arrivée	**to arrive / arrival**	[ə'raɪv] [ə'raɪvəl]
s'approcher (de)	**to approach**	[ə'prəʊtʃ]
s'éloigner	**to go away, to move off**	[gəʊ ə'weɪ] [muːv ɒf]
revenir	**to come back, to return**	[kʌm bæk] [rɪ'tɜːn]
le retour	**return**	[rɪ'tɜːn]
essoufflé	**breathless**	['breθlɪs]
reprendre son souffle	**to get one's breath back**	
être fatigué	**to be tired, to be weary**	[bi: 'taɪəd] [bi: 'wɪərɪ]
la fatigue	**tiredness, weariness**	['taɪədnɪs] ['wɪərɪnɪs]
somnoler	**to doze**	[dəʊz]
dormir	**to sleep**	[sliːp]
le sommeil	**sleep**	[sliːp]
s'endormir	**to fall asleep**	[fɔːl ə'sliːp]
bâiller	**to yawn**	[jɔːn]
ronfler	**to snore**	[snɔːr]
rêver	**to dream**	[driːm]
le rêve	**dream**	[driːm]
monter l'escalier	**to go upstairs**	
descendre l'escalier	**to go downstairs**	

48. L'ÉCOLE - L'ÉDUCATION

l'école	**school**	[sku:l]
aller à l'école	**to go to school**	[gəʊ tu: sku:l]
fréquenter l'école	**to attend school**	[ə'tend sku:l]
l'élève, l'écolier	**schoolboy, pupil**	['sku:lbɔɪ] ['pju:pɪl]
l'élève, l'écolière	**schoolgirl**	['sku:lgɜ:l]
l'année scolaire	**school year**	[sku:l jɪər]
la salle de classe	**classroom**	['klɑ:sru:m]
le tableau (noir)	**blackboard**	['blækbɔ:d]
la craie	**chalk**	[tʃɔ:k]
le cartable	**school-bag, satchel**	['sku:lbæg] ['sætʃəl]
le cahier	**exercise book**	['eksəsaɪz bʊk]
le carnet	**notebook**	['nəʊtbʊk]
le classeur	**file**	[faɪl]
le crayon	**pencil**	['pensɪl]
le stylo à bille	**ballpoint, ball-pen**	['bɔ:lpɔɪnt] ['bɔ:lpen]
le lycée	**grammar school**	['græmər sku:l]
	secondary school	['sekəndəri sku:l]
	high school	[haɪ sku:l]
le lycéen	**high school pupil**	[haɪ sku:l 'pju:pɪl]
le baccalauréat	**A-levels**	['eɪlevəlz]
passer son bac	**to take one's A-levels**	[teɪk wʌns 'eɪlevəlz]
l'examen	**exam**	[ɪg'zæm]
oral	**oral**	['ɔ:rəl]
écrit	**written**	['rɪtn]
la note	**mark, grade**	[mɑ:k] [greɪd]
noter, mettre une note	**to mark**	[mɑ:k]
le bulletin scolaire	**school report**	[sku:l rɪ'pɔ:t]
redoubler une classe	**to repeat a year**	[rɪ'pi:t ə jɪər]
le devoir à la maison	**homework**	['həʊmwɜ:k]
bûcher, potasser	**to swot**	[swɒt]
l'exercice	**exercise**	['eksəsaɪz]
la matière (scolaire)	**subject**	['sʌbdʒɪkt]
la langue étrangère	**foreign language**	['fɒrɪn 'læŋgwɪdʒ]

la langue maternelle	**native language** = **mother tongue**	['neɪtɪv 'læŋgwɪdʒ] ['mʌðərtʌŋ]
le dictionnaire	**dictionary**	['dɪkʃənrɪ]
le laboratoire de langues	**language lab**	['læŋgwɪdʒ læb]
l'enseignant	**teacher**	['tiːtʃər]
enseigner, apprendre	**to teach**	[tiːtʃ]
apprendre (pour soi)	**to learn**	[lɜːn]
l'enseignement	**teaching**	['tiːtʃɪŋ]
les cours	**classes, lessons**	['klɑːsɪz] ['lesnz]
avoir cours	**to have a class**	[klɑːs]
l'heure de cours	**lesson, period**	['lesn] ['pɪərɪəd]
la matière obligatoire	**compulsory subject**	[kəm'pʌlsərɪ]
la matière facultative	**optional subject**	['ɒpʃənl' sʌbdʒɪkt]
l'éducation	**education**	[edjʊ'keɪʃn]
éduquer	**to educate**	['edjʊkeɪt]
la bourse d'étdes	**scholarship, grant**	['skɒləʃɪp] [grɑːnt]
l'étudiant	**student**	['stjuːdənt]
étudier	**to study**	['stʌdɪ]
l'université	**university**	[juːnɪˈvɜːsɪtɪ]
le professeur d'université	**professor**	[prə'fesər]
le cours (d'université)	**lecture**	['lektʃər]
le diplôme	**diploma** = **certificate**	[dɪ'pləʊmə] [sə'tɪfɪkət]
le diplômé	**graduate**	['grædʒʊət]

la scolarité obligatoire	**compulsory schooling**
l'âge de fin de la scolarité	**the school leaving age**
passer en classe supérieure	**to be moved up a form**
passer un examen	**to take an exam**
échouer à l'examen	**to fail the exam**
réussir l'examen	**to pass the exam**
faire l'école buissonnière	**to play truant = to play hookey**
apprendre à lire à quelqu'un	**to teach somebody to read**

49. LA VIE PROFESSIONNELLE ET SOCIALE

la profession	**profession, trade**	[prə'feʃən] [treɪd]
l'emploi	**job, employment**	[dʒɒb] [ɪm'plɔɪmənt]
le lieu de travail	**place of work**	[pleɪs əv wɜːk]
la personne active	**working person**	['wɜːkɪŋ 'pɜːsn]
embaucher	**to take on**	[teɪkɒn]
l'entreprise	**company**	['kʌmpənɪ]
l'usine	**factory, plant, works**	['fæktərɪ] [plɑːnt] [wɜːks]
le chef d'entreprise	**company director**	['kʌmpənɪ dɪ'rektər]
le patron	**managing director**	['mænɪdʒɪŋ dɪ'rektər]
le travailleur	**worker**	['wɜːkər]
la main d'oeuvre	**manpower, labour**	['mænˌpaʊər] ['leɪbər]
gagner son pain	**to earn one's living**	[ɜːn]
le salaire	**wage[s], salary**	['weɪdʒɪz] ['sælərɪ]
le salarié	**salaried employee**	[ˌɪmplɔɪ'iː]
le revenu	**income**	['ɪnkʌm]
le temps de travail	**working hours**	['wɜːkɪŋ 'aʊəz]
le licenciement	**laying off, dismissal**	['leɪɪŋ ɒf] [dɪs'mɪsəl]
licencier	**to lay off**	[leɪɒf]
chômeur	**unemployed, jobless**	[ˌʌnɪm'plɔɪd] ['dʒɒblɪs]
le chômage	**unemployment**	[ˌʌnɪm'plɔɪmənt]
le chômage partiel	**short-time working**	[ʃɔːttaɪm'wɜːkɪŋ]
le plein emploi	**full employment**	[fʊlɪm'plɔɪmənt]
la hausse de salaire	**wage increase**	[weɪdʒ ɪn'kriːs]
	= pay increase	[peɪ ɪn'kriːs]
le niveau de vie	**standard of living**	['stændəd]
le coût de la vie	**cost of living**	[kɒst əv 'lɪvɪŋ]
la grève	**strike**	[straɪk]
se mettre en grève	**to go on strike**	[straɪk]
être en grève	**to be on strike**	[straɪk]
le syndicat	**trade union**	[treɪd 'juːnjən]

le syndicaliste	**trade unionist**	[treɪd ˈjuːnjənɪst]
la manifestation	**demonstration**	[ˌdemənˈstreɪʃən]
le manifestant	**demonstrator**	[ˈdemənstreɪtər]
manifester	**to demonstrate**	[ˈdemənstreɪt]
négocier	**to negotiate**	[nɪˈgəʊʃieɪt]
la négociation	**negotiation**	[nɪˌgəʊʃiˈeɪʃən]
la retraite	**retirement**	[rɪˈtaɪəmənt]
partir en retraite	**to go into retirement**	[rɪˈtaɪəmənt]
Il est en retraite	**He is retired**	[rɪˈtaɪəd]
le retraité	**pensioner**	[ˈpenʃənər]
	= retired person	[rɪˈtaɪəd ˈpɜːsn]
le directeur	**manager, director**	[ˈmænɪdʒər] [dɪˈrektər]
le cadre supérieur	**[senior] executive**	[ˈsiːnɪər ɪgˈzekjʊtɪv]
l'employé	**clerk, employee**	[klɑːk] [ˌɪmplɔrˈiː]
la secrétaire	**secretary**	[ˈsekrətərɪ]
le représentant de commerce	**sales representative**	[seɪlz reprɪˈzentətɪv]
	commercial traveller	[kəˈmɜːʃəl ˈtrævlər]
l'agent immobilier	**estate agent, _realtor_**	[ɪˈsteɪt ˈeɪdʒənt] [ˈriːəltər]
l'architecte	**architect**	[ˈɑːkɪtekt]
l'avocat	**lawyer, barrister**	[ˈlɔːjər] [ˈbærɪstər]
le juge	**judge**	[dʒʌdʒ]
le coiffeur	**hairdresser**	[ˈheədresər]
l'esthéticien	**beautician**	[bjuːˈtɪʃən]
le policier	**policeman**	[pəˈliːsmən]
le pompier	**fireman**	[ˈfaɪəmən]
le facteur	**postman**	[ˈpəʊstmən]
le douanier	**customs officer**	[ˈkʌstəms ˈɒfɪsər]
le fonctionnaire	**civil servant**	[ˈsɪvl ˈsɜːvənt]
le chauffeur de taxi	**taxi driver**	[ˈtæksɪ ˈdraɪvər]
le mécanicien	**mechanic**	[mɪˈkænɪk]
l'artisan	**craftsman**	[ˈkrɑːftsmən]
le cordonnier	**shoemaker, cobbler**	[ˈʃuːˌmeɪkər] [ˈkɒblər]

50. L'ARGENT - LA VIE ÉCONOMIQUE

l'argent	**money**	['mʌnɪ]
gagner de l'argent	**to earn money**	[ɜːn 'mʌnɪ]
l'argent de poche	**pocket-money**	['pɒkɪt 'mʌnɪ]
l'argent comptant	**cash**	[kæʃ]
payer comptant	**to pay [in] cash**	[peɪ ɪn kæʃ]
dépenser	**to spend**	[spend]
épargner	**economiser to save [up]**	[seɪv ʌp]
les économies	**savings**	['seɪvɪŋs]
le coffre-fort	**safe**	[seɪf]
la monnaie, la devise	**currency**	['kʌrənsɪ]
la livre (sterling)	**pound**	[paʊnd]
le change	**exchange**	[ɪks'tʃeɪndʒ]
changer	**to change**	[tʃeɪndʒ]
le taux de change	**exchange rate**	[ɪks'tʃeɪndʒ reɪt]
la pièce de monnaie	**coin**	[kɔɪn]
le billet de banque	**banknote, bill**	['bæŋknəʊt] [bɪl]
la carte de crédit	**credit card**	['kredɪt kɑːd]
le chéquier	**cheque-book**	[tʃek bʊk]
le chèque	**cheque**	[tʃek]
la banque	**bank**	[bæŋk]
le compte en banque	**bank account**	[bæŋk ə'kaʊnt]
le guichet	**counter**	['kaʊntər]
l'employé de banque	**bank-clerk**	[bæŋk klɑːk]
la caisse d'épargne	**savings bank**	['seɪvɪŋs bæŋk]
l'intérêt	**interest**	['ɪntrɪst]
le taux d'intérêt	**interest rate**	['ɪntrɪst reɪt]
le crédit	**loan, credit**	[ləʊn] ['kredɪt]
la dette	**debt**	[det]
l'endettement	**indebtedness, debts**	[ɪn'detɪdnɪs] [dets]
riche	**rich, wealthy**	[rɪtʃ] ['welθɪ]
la richesse	**wealth**	[welθ]
s'enrichir	**to get rich**	[get rɪtʃ]
l'économie	**economy**	[ɪ'kɒnəmɪ]

économique	**economic**	[ˌiːkəˈnɒmɪk]
la vie économique	**business life**	[ˈbɪznɪs laɪf]
la croissance	**growth**	[grəʊθ]
la crise	**crisis (*pl.*: crises)**	[ˈkraɪsɪs] [ˈkraɪsiːz]
la récession	**recession**	[rɪˈseʃən]
l'essor économique	**economic upturn**	[ˈʌptɜːn]
le miracle économique	**economic miracle**	[ˈmɪrəkəl]
l'économie de marché	**free market economy**	[friː ˈmɑːkɪt]
la concurrence	**competition**	[ˌkɒmpɪˈtɪʃən]
le libre-échange	**free trade**	[friː treɪd]
la nationalisation	**nationalization**	[ˌnæʃnəlaɪˈzeɪʃən]
nationaliser	**to nationalize**	[ˈnæʃnəlaɪz]
privatiser	**to privatize**	[ˈpraɪvətaɪz]
la dénationalisation	**privatization**	[praɪvətaɪˈzeɪʃən]
le commerce	**trade**	[treɪd]
le commerce extérieur	**foreign trade**	[ˈfɒrɪn treɪd]
commercer	**to trade**	[treɪd]
exporter	**to export**	[ɪkˈspɔːt]
importer	**to import**	[ˈɪmpɔːt]
l'exportation	**export**	[ˈekspɔːt]
l'importation	**import**	[ˈɪmpɔːt]
la balance commerciale	**balance of trade**	[ˈbæləns əv treɪd]
l'excédent	**surplus**	[ˈsɜːpləs]
le déficit	**deficit**	[ˈdefɪsɪt]
la bourse des valeurs	**stock market**	[stɒk ˈmɑːkɪt]
la bourse (bâtiment)	**stock exchange**	[stɒk ɪksˈtʃeɪndʒ]
l'action (en bourse)	**share**	[ʃeər]
l'impôt	**tax**	[tæks]
le contribuable	**taxpayer**	[ˈtæksˌpeɪər]
le taux d'inflation	**inflation rate**	[ɪnˈfleɪʃənreɪt]
l'augmentation des prix	**price increase**	[praɪs ɪnˈkriːs]
dévaluer	**to devalue**	[diːˈvæljuː]
la dévaluation	**devaluation**	[ˌdiːvæljʊˈeɪʃən]
réévaluer	**to revalue**	[ˌriːˈvæljuː]
la réévaluation	**revaluation**	[riːˌvæljʊˈeɪʃən]

51. CROYANCES ET IDÉOLOGIES

la religion	religion	[rɪˈlɪdʒən]
religieux	religious	[rɪˈlɪdʒəs]
croire en Dieu	to believe in God	[bɪˈliːv ɪn gɒd]
le dieu	god	[gɒd]
la déesse	goddess	[ˈgɒdɪs]
le croyant	believer	[bɪˈliːvər]
non-croyant	unbelieving	[ˌʌnbɪˈliːvɪŋ]
athée (nom commun)	atheist	[ˈeɪθɪɪst]
athée (adjectif)	atheistic	[ˌeɪθɪˈɪstɪk]
l'athéisme	atheism	[ˈeɪθɪɪzəm]
la foi	faith	[feɪθ]
la croyance	belief	[bɪˈliːf]
prier	to pray	[preɪ]
la prière	prayer	[preər]
le Notre-Père	the Lord's Prayer	[lɔːdz preər]
le prêtre	priest	[priːst]
le curé	parish priest	[ˈpærɪʃ priːst]
le pasteur	vicar	[ˈvɪkər]
l'évêque	bishop	[ˈbɪʃəp]
l'archevêque	archbishop	[ˌɑːtʃˈbɪʃəp]
le pape	pope	[pəʊp]
l'église	church	[tʃɜːtʃ]
le clocher	belfry, belltower	[ˈbelfrɪ] [ˈbelˌtaʊər]
la messe	mass	[mæs]
aller à la messe	to go to mass	[mæs]
le pratiquant	churchgoer	[ˈtʃɜːtʃˌgəʊər]
la communion	Communion	[kəˈmjuːnɪən]
le sacrement	sacrament	[ˈsækrəmənt]
saint	holy	[ˈhəʊlɪ]
sacré	sacred	[ˈseɪkrɪd]
le Saint-Esprit	Holy Ghost = Holy Spirit	[ˈhəʊlɪ gəʊst] [ˈhəʊlɪ ˈspɪrɪt]
la Sainte-Vierge	the Blessed Virgin	[ˈblesɪd ˈvɜːdʒɪn]
le Seigneur	the Lord	[lɔːd]

la cathédrale	**cathedral**	[kəˈθiːdrəl]
la croix	**cross**	[krɒs]
la crucifixion	**crucifixion**	[ˌkruːsɪˈfɪkʃən]
crucifier	**to crucify**	[ˈkruːsɪfaɪ]
le Christ	**Christ**	[kraɪst]
chrétien	**christian**	[ˈkrɪstɪən]
le christianisme	**christianity**	[ˌkrɪstɪˈænɪtɪ]
la chrétienté	**christendom**	[ˈkrɪsndəm]
catholique	**catholic**	[ˈkæθəlɪk]
protestant	**protestant**	[ˈprɒtɪstənt]
anglican	**anglican**	[ˈæŋglɪkən]
orthodoxe	**orthodox**	[ˈɔːθədɒks]
le temple	**temple**	[ˈtempl]
le pèlerinage	**pilgrimage**	[ˈpɪlgrɪmɪdʒ]
le pèlerin	**pilgrim**	[ˈpɪlgrɪm]
l'Evangile	**Gospel**	[ˈgɒspəl]
la Bible	**Bible**	[ˈbaɪbl]
l'Ancien Testament	**Old Testament**	[əʊld ˈtestəmənt]
le Jugement dernier	**Judgement Day** **= Doomsday**	[ˈdʒʌdʒmənt deɪ] [ˈduːmzdeɪ]
le diable	**devil**	[ˈdevl]
l'enfer	**hell**	[hel]
le paradis	**heaven**	[ˈhevn]
le purgatoire	**purgatory**	[ˈpɜːgətərɪ]
musulman	**moslem, muslim**	[ˈmɒzlem] [ˈmʊzlɪm]
la mosquée	**Mosque**	[ˈmɒsk]
Mahomet	**Mohammed**	[məˈhæmɪd]
le Juif / juif	**jew / jewish**	[dʒuː] [ˈdʒuːɪʃ]
la conception du monde	**world-view**	[wɜːld vjuː]
l'idéologie	**ideology**	[ˌaɪdɪˈɒlədʒɪ]
modéré	**moderate**	[ˈmɒdərɪt]
la gauche	**the Left**	[left]
la droite	**the Right**	[raɪt]
de gauche	**left-wing, leftist**	[left wɪŋ] [ˈleftɪst]
l'aile gauche	**left wing**	[left wɪŋ]

113

52. LA VIE POLITIQUE

la politique	**politics**	['pɒlɪtɪks]
une politique	**a policy**	['pɒlɪsɪ]
politique	**political**	[pə'lɪtɪkəl]
pratiquer une politique	**to pursue a policy**	[pə'sju:]
l'homme politique	**politician**	[ˌpɒlɪ'tɪʃən]
le pouvoir	**power**	['pauər]
arriver au pouvoir	**to come to power**	['pauər]
être au pouvoir	**to be in power**	[bi: ɪn 'pauər]
le président	**president**	['prezɪdənt]
le roi	**king**	[kɪŋ]
la reine	**queen**	[kwi:n]
l'empereur	**emperor**	['empərər]
l'impératrice	**empress**	['emprɪs]
la couronne	**crown**	[kraun]
abdiquer	**to abdicate**	['æbdɪkeɪt]
l'abdication	**abdication**	[ˌæbdɪ'keɪʃən]
le chef d'Etat	**head of state**	[hed əv steɪt]
le citoyen	**citizen**	['sɪtɪzn]
l'élection	**election, vote**	[ɪ'lekʃən] [vəut]
voter	**to vote**	[vəut]
élire	**to elect**	[ɪ'lekt]
l'électeur	**elector, voter**	[ɪ'lektər] ['vəutər]
le suffrage universel	**universal suffrage**	[ˌju:nɪ'vɜ:səl 'sʌfrɪdʒ]
la voix	**vote**	[vəut]
s'abstenir	**to abstain**	[əb'steɪn]
l'abstention	**abstention**	[əb'stenʃən]
la campagne électorale	**election campaign**	[ɪ'lekʃən kæm'peɪn]
le discours	**speech**	[spi:tʃ]
la majorité	**majority**	[mə'dʒɒrɪtɪ]
la minorité	**minority**	[maɪ'nɒrɪtɪ]
le successeur	**successor**	[sək'sesər]
le prédécesseur	**predecessor**	['pri:dɪsesər]
le gouvernement	**government**	['gʌvənmənt]
gouverner	**to rule, to govern**	[ru:l] ['gʌvən]

le chef de gouvernement	**head of (the) government**	[hed əv ðə ɡʌvənmənt]
le premier ministre	**prime minister**	[praɪm 'mɪnɪstər]
le chancelier	**chancellor**	['tʃɑːnsələr]
le ministre	**minister**	['mɪnɪstər]
le ministère	**ministry**	['mɪnɪstrɪ]
la démission	**resignation**	[ˌrezɪɡ'neɪʃən]
démissionner	**to resign**	[rɪ'zaɪn]
le député	**representative**	[ˌreprɪ'zentətɪv]
le parlement	**parliament**	['pɑːləmənt]
dissoudre	**to dissolve**	[dɪ'zɒlv]
le conseil municipal	**town council**	[taʊn 'kaʊnsl]
le maire	**mayor**	[meər]
la loi	**law**	[lɔː]
la Constitution	**constitution**	[ˌkɒnstɪ'tjuːʃən]
la parti	**party**	['pɑːtɪ]
le membre	**member**	['membər]
l'idéologie	**ideology**	[ˌaɪdɪ'ɒlədʒɪ]
républicain	**republican**	[rɪ'pʌblɪkən]
le démocrate	**democrat**	['deməkræt]
démocrate	**democratic**	[ˌdemə'krætɪk]
le socialisme	**socialism**	['səʊʃəlɪzəm]
socialiste	**socialist**	['səʊʃəlɪst]
le communisme	**communism**	['kɒmjʊnɪzəm]
communiste	**communist**	['kɒmjʊnɪst]
conservateur	**conservative**	[kən'sɜːvətɪv]
le fascisme	**fascism**	['fæʃɪzəm]
fasciste	**fascist**	['fæʃɪst]
le centre	**centre**	['sentər]
modéré	**moderate**	['mɒdərɪt]
la liberté	**freedom, liberty**	['friːdəm] ['lɪbətɪ]
l'égalité	**equality**	[ɪ'kwɒlɪtɪ]
l'inégalité	**inequality**	[ˌɪnɪ'kwɒlɪtɪ]
les droits de l'homme	**Human rights**	['hjuːmən raɪts]
la tolérance	**tolerance**	['tɒlərəns]
l'intolérance	**intolerance**	[ɪn'tɒlərəns]

53. LA PENSÉE ET LA CONNAISSANCE

penser	to think	[θɪŋk]
penser à	to think of	[θɪŋk ɒv]
	to have in mind	[hæv ɪn maɪnd]
réfléchir à	to think about	[θɪŋk əˈbaʊt]
l'idée	idea	[aɪˈdɪə]
la pensée	thought	[θɔːt]
l'arrière-pensée	ulterior motive	[ʌlˈtɪərɪər ˈməʊtɪv]
comprendre	to understand	[ʌndəˈstænd]
compréhensible	understandable	[ʌndəˈstændəbl]
	comprehensible	[ˌkɒmprɪˈhensɪbl]
incompréhensible	incomprehensible	[ɪnkɒmprɪˈhensɪbl]
le bon sens	common sense	[ˈkɒmənsens]
la raison	reason	[ˈriːzn]
raisonnable	reasonable	[ˈriːzənəbl]
déraisonnable	unreasonable	[ʌnˈriːzənəbl]
le sens	sense	[sens]
la signification	meaning	[ˈmiːnɪŋ]
sensé, judicieux	meaningful	[ˈmiːnɪŋfʊl]
absurde, stupide	meaningless	[ˈmiːnɪŋlɪs]
signifier	to mean	[miːn]
la notion	notion	[ˈnəʊʃən]
le concept	concept	[ˈkɒnsept]
la conscience	awareness	[əˈweənɪs]
la conscience (morale)	conscience	[ˈkɒnʃəns]
savoir, connaître	to know	[nəʊ]
faire la connaissance	to get to know	[get tə nəʊ]
le savoir, la connaissance	knowledge	[ˈnɒlɪdʒ]
la science	science	[ˈsaɪəns]
apprendre	to learn	[lɜːn]
apprendre par cœur	to learn by heart	[lɜːn baɪ hɑːt]
informer	to inform	[ɪnˈfɔːm]
expérimenté	experienced	[ɪkˈspɪərɪənst]
inexpérimenté	inexperienced	[ɪnɪkˈspɪərɪənst]

l'expérience	**experience**	[ɪk'spɪərɪəns]
l'inexpérience	**inexperience**	[ɪnɪk'spɪərɪəns]
vivre, faire l'expérience de	**to experience**	[ɪk'spɪərɪəns]
la mémoire	**memory**	['memərɪ]
se souvenir de	**to remember**	[rɪ'membər]
le souvenir	**memory**	['memərɪ]
	recollection	[ˌrekə'lekʃən]
oublier	**to forget**	[fə'get]
l'oubli	**oblivion**	[ə'blɪvɪən]
ignorant	**ignorant**	['ɪgnərənt]
l'ignorance	**ignorance**	['ɪgnərəns]
informer	**to inform**	[ɪn'fɔːm]

pense, donc je suis.	**I think, therefore I am.**
(pour) autant que je sache.	**As far as I know.**
Comment pourrais-je le savoir ?	**How should I know?**
Je ne veux pas savoir !	**I don't want to know!**
Qu'est-ce que tu en sais ?	**How do you know?**
Pas que je sache.	**Not so far as I know.**
Si j'avais su !	**If I had known!**
Mais tout le monde le sait !	**Everyboy knows that!**
	Any fool knows that!
Réfléchis un peu !	**Think about it!**
Cela (me) donne à penser.	**That makes me think.**
Laisse-moi réfléchir !	**Let me think!**
Je vais encore y réfléchir.	**I'll think it over again.**
Il faudrait y réfléchir.	**It should be considered.**
Qui aurait pu penser cela ?	**Who would have thought it?**
Loin de moi cette pensée.	**Far be it from me.**
Si je me souviens bien.	**As far as I (can) remember.**
être conscient de qqch.	**to be aware of something**
être au courant	**to be in the picture**
	= to be up-to-date
tenir au courant	**to keep up-to-date**
prendre conscience de qqch.	**to become aware of sth.**
changer sa façon de penser	**to change one's way of thinking**

54. EXPRIMER UN POINT DE VUE

à mon avis	**in my opinion**	[ɪn maɪ əˈpɪnjən]
la conception	**view, conception**	[vjuː] [kənˈsepʃən]
Je pense que...	**I'm of the opinion that...**	[əˈpɪnjən]
	I take the view that...	[vjuː]
donner son opinion	**to give one's opinion**	[əˈpɪnjən]
	to give one's views	
		[vjuːz]
être du même avis	**to share the same opinion**	[ʃeər]
le point de vue	**point of view**	[pɔɪnt əv vjuː]
	standpoint	[ˈstændpɔɪnt]
le jugement	**judgement**	[ˈdʒʌdʒmənt]
le préjugé	**prejudice**	[ˈpredʒʊdɪs]
la prise de position	**statement**	[ˈsteɪtmənt]
(s')exprimer	**to express (oneself)**	[ɪkˈspres wʌnˈself]
considérer comme	**to look upon as**	[lʊk əˈpɒn æz]
	to regard as	[rɪˈgɑːd æz]
Il s'est avéré que...	**It turned out that...**	[ɪt tɜːnd aʊt ðæt...]
Il est apparu que...	**It emerged that...**	[ɪt ɪˈmɜːdʒd ðæt...]
affirmer	**to assert, to claim**	[əˈsɜːt] [kleɪm]
l'affirmation	**assertion, claim**	[əˈsɜːʃən] [kleɪm]
justifier	**to justify**	[ˈdʒʌstɪfaɪ]
la justification	**justification**	[ˌdʒʌstɪfɪˈkeɪʃən]
l'argument	**argument**	[ˈɑːgjʊmənt]
argumenter	**to argue**	[ˈɑːgjuː]
justifier	**to justify**	[ˈdʒʌstɪfaɪ]
motiver, expliquer	**to give reasons for**	[gɪvˈriːznsfɔːr]
reposer sur	**to be based on**	[biː beɪsd ɒn]
prouver, démontrer	**to prove**	[pruːv]
la preuve	**proof**	[pruːf]
le raisonnement	**train of thought**	[treɪn əv θɔːt]
constater	**to ascertain**	[ˌæsəˈteɪn]
la constatation	**ascertainment**	[ˌæsəˈteɪnmənt]
remarquer	**to notice, to remark**	[ˈnəʊtɪs] [rɪˈmɑːk]

soit dit en passant	**by the way**	[baɪ ðə weɪ]
mentionner	**to mention**	[ˈmenʃən]
faire allusion à	**to allude to**	[əˈluːd]
l'allusion	**allusion**	[əˈluːʒən]
illustrer	**to illustrate**	[ˈɪləstreɪt]
l'exemple	**example, instance**	[ɪgˈzɑːmpl] [ˈɪnstəns]
par exemple	**for instance**	[fɔːrˈɪnstəns]
citer	**to quote, to cite**	[kwəʊt] [saɪt]
la citation	**quotation**	[kwəʊˈteɪʃən]
souligner, insister sur	**to emphasize**	[ˈemfəsaɪz]
caractériser	**to characterize**	[ˈkærɪktəraɪz]
la caractéristique	**characteristic**	[ˌkærɪktəˈrɪstɪk]
le débat	**debate**	[dɪˈbeɪt]
discuter de	**to discuss**	[dɪˈskʌs]
la discussion	**discussion**	[dɪˈskʌʃən]
la conversation	**conversation**	[ˌkɒnvəˈseɪʃən]
le sujet de discussion	**topic**	[ˈtɒpɪk]
l'échange d'opinions	**exchange of views**	[ɪksˈtʃeɪndʒ əv vjuːz]
confronter	**to confront**	[kənˈfrʌnt]
la critique	**criticism**	[ˈkrɪtɪsɪzm]
critiquer	**to criticize**	[ˈkrɪtɪsaɪz]
répliquer, rétorquer	**to reply, to retort**	[rɪˈplaɪ] [rɪˈtɔːt]
la querelle	**argument, quarrel**	[ˈɑːgjʊmənt] [ˈkwɒrəl]
la polémique	**polemics**	[pəˈlemɪks]
polémique	**polemic(al)**	[pəˈlemɪk(əl)]
objecter	**to object**	[əbˈdʒekt]
soulever une objection	**to raise an objection**	[reɪz]
nier	**to deny**	[dɪˈnaɪ]
comparer	**to compare**	[kəmˈpeər]
la comparaison	**comparison**	[kəmˈpærɪsn]
en comparaison de	**in comparison with**	[kəmˈpærɪsn]
à la différence de	**in contrast to**	[ɪn kənˈtrɑːst tuː]
se distinguer de	**to differ from**	[ˈdɪfər frɒm]
différent	**different**	[ˈdɪfrənt]

55. ADVERBES ET EXPRESSIONS ADVERBIALES

absolument	**absolutely**	[ˈæbsəluːtlɪ]
absolument pas	**not at all**	[nɒt æt ɔːl]
	by no means	[baɪ nəʊ miːnz]
ainsi, de ce fait	**thereby**	[ðeəˈbaɪ]
ainsi, de cette façon	**thus**	[ðʌs]
après, ensuite, alors	**afterwards,**	[ˈɑːftəwədz]
	next, then	[nekst] [ðen]
à peine	**hardly, scarcely,**	[ˈhɑːdlɪ] [ˈskeəslɪ]
	barely	[ˈbeəlɪ]
assez, relativement	**rather, quite, fairly**	[ˈrɑːðər] [kwaɪt] [ˈfeəlɪ]
assez, suffisamment	**enough, sufficiently**	[ɪˈnʌf] [səˈfɪʃəntlɪ]
avant, auparavant	**before[hand]**	[bɪˈfɔːhænd]
avant tout, surtout	**above all**	[əˈbʌv ɔːl]
bien sûr	**naturally, of course**	[ˈnætʃrəlɪ] [əvˈkɔːs]
bientôt	**soon**	[suːn]
cependant	**however**	[haʊˈevər]
c'est-à-dire	**that is [to say]**	[ðæt ɪz tuː seɪ]
dans le fond	**basically**	[ˈbeɪsɪkəlɪ]
	fundamentally	[fʌndəˈmentəlɪ]
dans une certaine mesure	**in a way**	[ɪn ə weɪ]
déjà	**already**	[ɔːlˈredɪ]
de toutes façons	**anyhow, anyway**	[ˈenɪhaʊ] [ˈenɪweɪ]
donc, par conséquent	**therefore, so,**	[ˈðeəfɔːr] [səʊ]
	accordingly	[əˈkɔːdɪŋlɪ]
du reste, au reste	**by the way**	[baɪ ðə weɪ]
en aucun cas	**under no**	[ˈʌndər nəʊ
	circumstances	ˈsɜːkəmstənsɪz]
en dernier lieu	**last, last of all**	[lɑːst] [lɑːst əv ɔːl]
en fait, à vrai dire	**indeed, really**	[ɪnˈdiːd] [ˈrɪəlɪ]
	actually, in fact	[ˈæktjʊəlɪ] [ɪn fækt]
	as a matter of fact	[æzə ˈmætərəv fækt]
en outre	**besides, moreover**	[bɪˈsaɪdz]
		[mɔːˈrəʊvər]

en particulier	**in particular**	[ɪn pə'tɪkjʊlər]
	particularly	[pə'tɪkjʊləlɪ]
en partie	**partly**	['pɑːtlɪ]
de plus, qui plus est	**what is more**	[wɒt ɪz mɔːr]
en tout cas, de toute façon	**anyhow, at any rate,**	['enɪhaʊ] [ət 'enɪ reɪt]
	in any case	[ɪn 'enɪ keɪs]
enfin	**finally, inthe end**	['faɪnəlɪ] [ɪn ðɪ end]
ensemble	**together**	[tə'geðər]
ensuite	**then**	[ðen]
entièrement	**completely, quite**	[kəm'pliːtlɪ] [kwaɪt]
environ, à peu près	**about**	[ə'baʊt]
	approximately	[ə'prɒksɪmətlɪ]
essentiellement	**mainly, chiefly**	['meɪnlɪ] ['tʃiːflɪ]
	principally	['prɪnsɪpəlɪ]
évidemment	**of course**	[əv kɔːs]
extrêmement	**extremely, highly**	[ɪk'striːmlɪ] ['haɪlɪ]
généralement	**generally**	['dʒenərəlɪ]
jusqu'à présent	**until now**	[ən'tɪl naʊ]
	hitherto	[ˌhɪðə'tuː]
la plupart du temps	**mostly**	['məʊstlɪ]
	more often than not	[mɔːr 'ɒfən]
manifestement	**apparently**	[ə'pærəntlɪ]
	obviously	['ɒbvɪəslɪ]
même (pas)	**(not) even**	[nɒt 'iːvən]
néanmoins	**nevertheless**	[ˌnevəðə'les]
pas encore	**not yet**	[nɒt jet]
par contre	**on the other hand**	[ʌðərhænd]
parfois	**sometimes**	['sʌmtaɪmz]
pas du tout	**not at all**	[nɒt æt ɔːl]
peut-être	**perhaps**	[pə'hæps, præps]
plutôt	**rather**	['rɑːðər]
pour ainsi dire	**so to speak**	['səʊ tuː spiːk]
	as it were	[æz ɪt weər]
c'est pourquoi, pour cette raison	**therefore**	['ðeəfɔːr]
	that's why	[ætswaɪ]

56. COMMENTER UN TEXTE

le texte	**text**	[tekst]
l'explication	**explanation**	[ˌeksplə'neɪʃən]
expliquer	**to explain**	[ɪk'spleɪn]
le commentaire	**commentary**	['kɒməntərɪ]
l'origine	**origin**	['ɒrɪdʒɪn]
la source	**source**	[sɔːs]
tirer, extraire de	**to take from**	[teɪk frəm]
l'extrait	**extract**	['ekstrækt]
le passage	**passage**	['pæsɪdʒ]
le titre	**title, head, heading**	['taɪtl] [hed] ['hedɪŋ]
intituler	**to head, to give a heading**	[hed] [gɪv ə 'hedɪŋ]
le sujet	**subject, topic**	['sʌbdʒɪkt] ['tɒpɪk]
traiter (un sujet)	**to deal with**	[diːl wɪð]
le sujet principal	**main topic**	[meɪn 'tɒpɪk]
la matière, le sujet	**matter**	['mætər]
le contenu, le fond	**content**	['kɒntent]
la question (principale)	**(main) question**	[meɪn 'kwestʃən]
poser un problème	**to pose a problem**	[pəʊz ə 'prɒbləm]
traiter de, avoir comme sujet	**to deal with** **to be about**	[diːl wɪð] [biː ə'baʊt]
décrire	**to describe**	[dɪ'skraɪb]
la description	**description**	[dɪ'skrɪpʃən]
raconter	**to tell**	[tel]
le récit	**story, account**	['stɔːrɪ] [ə'kaʊnt]
le narrateur	**narrator**	[nə'reɪtər]
l'histoire	**history, story**	['hɪstərɪ] ['stɔːrɪ]
analyser	**to analyse, *to analyze***	['ænəlaɪz]
l'analyse	**analysis** (*pl.:* **-yses**)	[ə'næləsɪs] [ə'næləsiːz]
étudier, examiner	**to examine**	[ɪg'zæmɪn]
l'étude, l'examen	**examination**	[ɪgˌzæmɪ'neɪʃən]
la cause, l'origine	**cause**	[kɔːz]
la raison, le motif	**reason, motive**	['riːzn] ['məʊtɪv]

pour cette raison	**for this reason**	[fɔːr ðɪs 'riːzn]
dans ce contexte	**in this matter**	[ɪn ðɪs 'mætər]
dans le cadre de	**within the context of**	['kɒntekst]
le cadre, le contexte	**framework**	['freɪmwɜːk]
l'arrière-plan, le fond	**background**	['bækgraʊnd]
à l'arrière-plan	**in the background**	['bækgraʊnd]
le premier plan	**foreground, fore**	['fɔːgraʊnd] [fɔːr]
au premier plan	**in the foreground**	[ɪn ðə 'fɔːgraʊnd]
la circonstance	**circumstance**	['sɜːkəmstəns]
la situation	**situation**	[ˌsɪtjʊ'eɪʃən]
le rapport, la relation	**relationship**	[rɪ'leɪʃənʃɪp]
par rapport à	**in comparison to**	[ɪn kəm'pærɪsn tuː]
À quel point de vue ?	**In what respect?**	[ɪn wɒt rɪ'spekt]
à tous points de vue	**in every respect**	[ɪn 'evrɪ rɪ'spekt]
se rapporter à	**to refer to**	[tə rɪ'fɜːr tuː]
dans ce domaine	**in this field**	[ɪn ðɪs fiːld]
étant donné	**with regard to**	[wɪð rɪ'gɑːd tuː]
	in view of	[ɪn vjuː əv]
avoir lieu, se dérouler	**to happen, to occur**	['hæpən] [ə'kɜːr]
	to take place	[teɪk pleɪs]
l'événement	**event, occurrence**	[ɪ'vent] [ə'kʌrens]
l'action	**action**	['ækʃən]
la structure, le plan	**structure**	['strʌktʃər]
se diviser en	**to divide into**	[dɪ'vaɪd 'ɪntʊ]
se composer de	**to consist of**	[kən'sɪst əv]
consister en	**to consist in**	[kən'sɪst ɪn]
la partie	**part**	[pɑːt]
le chapitre	**chapter**	['tʃæptər]
la phrase	**sentence**	['sentəns]
l'introduction	**introduction**	[ˌɪntrə'dʌkʃən]
introduire	**to introduce**	[ˌɪntrə'djuːs]
le point de départ	**starting point**	['stɑːtɪŋ pɔɪnt]
le tournant	**turning point**	['tɜːnɪŋ pɔɪnt]
la transition vers	**transition to**	[træn'zɪʃən tuː]
la conclusion	**conclusion**	[kən'kluːʒən]
conclure	**to conclude**	[kən'kluːd]

57. LE COMPORTEMENT

se comporter, se conduire	**to behave**	[bɪˈheɪv]
le comportement	**behaviour, behavior**	[bɪˈheɪvjər]
l'attitude	**attitude**	[ˈætɪtjuːd]
la conduite	**conduct**	[ˈkɒndʌkt]
les règles de conduite	**rules of conduct**	[ruːlz əv ˈkɒndʌkt]
la manière d'agir	**[way of] behaviour**	[weɪ əv bɪˈheɪvjər]
agir	**to act**	[ækt]
l'action	**action, deed**	[ˈækʃən] [diːd]
réagir à	**to react to**	[rɪˈækt tuː]
la réaction à	**reaction to**	[rɪˈækʃən tuː]
la qualité	**quality**	[ˈkwɒlɪtɪ]
la caractéristique	**characteristic**	[kærɪktəˈrɪstɪk]
la qualité, la vertu	**good quality, virtue**	[gʊd ˈkwɒlɪtɪ] [ˈvɜːtjuː]
vertueux	**virtuous**	[ˈvɜːtjʊəs]
le défaut	**fault, shortcoming, failing**	[fɔːlt] [ˈʃɔːtkʌmɪŋ] [ˈfeɪlɪŋ]
le vice	**vice**	[vaɪs]
dépravé	**depraved**	[dɪˈpreɪvd]
immoral	**immoral**	[ɪˈmɒrəl]
la responsabilité	**responsibility**	[rɪˌspɒnsɪˈbɪlɪtɪ]
responsable de	**responsible for**	[rɪˈspɒnsɪbl fɔːr]
le sens des responsabilités	**sense of responsibility**	[sens əvrɪˌspɒnsɪˈbɪlɪtɪ]
irresponsable	**irresponsible**	[ɪrɪˈspɒnsɪbl]
négligent	**careless, casual**	[ˈkeəlɪs] [ˈkæʒjʊəl]
la négligence	**carelessness**	[ˈkeəlɪsnɪs]
irréfléchi, léger	**unthinking**	[ræʃ] [ʌnˈθɪŋkɪŋ]
l'étourderie	**thoughtlessness**	[ˈθɔːtlɪsnɪs]
étourdi, inattentif	**thoughtless**	[ˈθɔːtlɪs]
superficiel	**superficial**	[ˌsuːpəˈfɪʃəl]
la superficialité	**superficiality**	[ˈsuːpəˌfɪʃɪˈælɪtɪ]
négliger	**to neglect**	[nɪˈglekt]

124

inattentif à	**heedless of**	['hi:dlɪs]
imprudent	**rash, reckless**	[ræʃ] ['reklɪs]
l'imprudence	**rashness, recklessness**	['ræʃnɪs] ['reklɪsnɪs]
la bévue	**oversight**	[ˌəʊvəˈsaɪt]
l'humeur capricieuse,	**moodiness**	['mu:dɪnɪs]
	capriciousness	[kəˈprɪʃəsnɪs]
lunatique	**capricious, moody**	[kəˈprɪʃəs] ['mu:dɪ]
inconstant	**inconsistent**	[ˌɪnkənˈsɪstənt]
gaspiller	**to waste**	[weɪst]
gaspilleur	**wasteful**	['weɪstfʊl]
dépensier	**spendthrift**	['spendθrɪft]
le gaspillage	**wastefulness**	['weɪstfʊlnɪs]
refuser	**to refuse**	[rɪˈfju:z]
le refus	**refusal**	[rɪˈfju:zəl]
refuser, rejeter	**to reject, to turn down**	[rɪˈdʒekt] [tɜ:n daʊn]
le rejet	**rejection**	[rɪˈdʒekʃən]
s'emporter, s'insurger	**to rebel, to rise up**	[rɪˈbl] [raɪz ʌp]
la dispute	**quarrel, argument**	['kwɒrəl] ['ɑ:gjʊmənt]
se disputer	**to quarrel, to argue**	['kwɒrəl] ['ɑ:gju:]
querelleur	**quarrelsome**	['kwɒrəlsəm]
	argumentative	[ˌɑ:gjʊˈmentətɪv]
la pomme de discorde	**bone of contention**	[bəʊn əv kənˈtenʃən]

A chacun ses défauts.	**We all have our faults.**
Personne n'est parfait.	**Nobody's perfect.**
se comporter correctement	**to behave well**
	= to behave oneself
mal se comporter	**to behave badly**
	= to misbehave
ne pas savoir se tenir	**to have no manners**
	= to be bad-mannered
Le devoir nous appelle.	**Duty calls.**

58. LA VOLONTÉ - LE COURAGE

le désir, le voeu	**wish, desire**	[wɪʃ] [dɪˈzaɪər]
désirer, souhaiter	**to wish, to want**	[wɪʃ] [wɒnt]
souhaitable	**to be wished for**	[bi: wɪʃt fɔ:r]
la (bonne) volonté	**(good) will**	[gʊd wɪl]
plein de volonté	**strong-willed**	[strɒnˈwɪld]
de bonne volonté	**willing**	[ˈwɪlɪŋ]
volontaire	**voluntary**	[ˈvɒləntərɪ]
intentionnel	**intentional**	[ɪnˈtenʃənl]
involontaire	**unintentional**	[ˌʌnɪnˈtenʃənl]
délibérément	**deliberately**	[dɪˈlɪbərətlɪ]
intentionnellement	**intentionally**	[ɪnˈtenʃənlɪ]
à dessein	**on purpose**	[ɒn ˈpɜːpəs]
faire un choix	**to make a choice**	[meɪk ə tʃɔɪs]
choisir	**to choose**	[tʃuːz]
sélectionner	**to select, to pick**	[sɪˈlekt] [pɪk]
décider, trancher	**to decide, to settle**	[dɪˈsaɪd] [ˈsetl]
décider de	**to decide on**	[dɪˈsaɪd ɒn]
la décision	**decision**	[dɪˈsɪʒən]
la résolution	**resolution**	[rezəˈluːʃən]
le caractère	**character**	[ˈkærɪktər]
la force de caractère	**strength of character**	[streŋθ]
qui a du caractère	**strong-minded**	[strɒnˈmaɪndɪd]
la confiance en soi	**self-confidence**	[selfˈkɒnfɪdəns]
sûr de soi	**self-confident**	[selfˈkɒnfɪdənt]
le courage	**courage, pluck**	[ˈkʌrɪdʒ] [plʌk]
courageux, brave	**brave, courageous**	[breɪv] [kəˈreɪdʒəs]
brave, vaillant	**plucky**	[ˈplʌkɪ]
le zèle, l'assiduité	**diligence**	[ˈdɪlɪdʒəns]
courageux, travailleur	**hard-working**	[ˌhɑːdˈwɜːkɪŋ]
oser	**to dare**	[deər]
osé, audacieux	**daring**	[ˈdeərɪŋ]
risquer / le risque	**to risk / risk**	[rɪsk] [rɪsk]
risqué	**risky**	[ˈrɪskɪ]
l'audace	**daring, boldness**	[ˈdeərɪŋ] [ˈbəʊldnɪs]

audacieux	**audacious, bold**	[ɔːˈdeɪʃəs] [bəʊld]
sans peur	**fearless, dauntless**	[ˈfɪəlɪs] [ˈdɔːntlɪs]
la bravoure	**bravery**	[ˈbreɪvərɪ]
inflexible	**unbending**	[ʌnˈbendɪŋ]
inébranlable	**unshakeable**	[ʌnˈʃeɪkəbl]
l'énergie	**energy, drive**	[ˈenədʒɪ] [draɪv]
énergique	**energetic**	[enəˈdʒetɪk]

Que désirez-vous ?	**What do you want?**
Que voulez-vous ?	**What would you like?**
J'aimerais que tu sois là.	**I wish you were here.**
Il désire que tu partes.	**He wants you to go.**
Je désire que tu le fasses.	**I want you to do that.**
Je veux sortir d'ici.	**I want to get out of here.**
Je veux partir d'ici.	**I want to get away.**
sans le vouloir.	**without wanting to.**
J'aimerais que tu restes.	**I would like you to stay.**
J'aimerais que ce soit fait.	**I would like it [to be] done.**
imposer sa volonté	**to get one's [own] way**
Que tu le veuilles ou non.	**Whether you like it or not.**
Que ta volonté soit faite !	**Thy will be done!** *(prière)*
faire de son mieux	**to do one's best**
de son plein gré	**of one's own free will**
Fais ton choix !	**Take your choice!** **= Take your pick!**
C'est à elle de choisir si...	**It's up to her whether she...**
se décider en faveur de	**to decide in favor of**
se décider contre	**to decide against**
se décider	**to make up one's mind**
prendre une décision	**to come to a decision**
Ma décision est prise.	**My decision is made.** **= My mind is made up.**
Désirez-vous encore autre chose ?	**Is there anything else you would like?** **= Will there be anything else?**
Cela s'est passé contre ma volonté.	**That was done against my will.**

59. HÉSITATION - PEUR - LÂCHETÉ

hésiter	to hesitate	['heziteit]
hésitant	hesitant, hesitating	['hezitənt] [ˌhezi'teitiŋ]
l'hésitation	hesitancy, hesitation	['hezitənsi] [ˌhezi'teiʃən]
être indécis	to waver	['weivər]
indécis, irrésolu	undecided	[ˌʌndi'saidid]
l'effroi, la frayeur	fright, scare	[frait] [skeər]
effrayer, faire peur	to frighten, to scare	['fraitn] [skeər]
la peur	fear	[fiər]
le sentiment de peur	feeling of fear	['fiːliŋ əv fiər]
par peur de	for fear of	[fɔːr fiər əv]
prendre peur, être effrayé	to be frightened	[bi: 'fraitnd]
	to be startled	[bi: 'staːtəld]
craindre, redouter, avoir peur de	to fear	[fiər]
	to be afraid of	[bi: ə'freid əv]
terrible, effroyable	awful, dreadful	['ɔːfʊl] ['dredfʊl]
effrayant	fearful, fearsome	['fiəfʊl] ['fiəsəm]
craintif, peureux	fearful, timorous	['fiəfʊl] ['timərəs]
N'aie pas peur !	Don't be afraid!	[dəʊnt bi: ə'freid]
anxieux, inquiet	anxious	['æŋkʃəs]
la timidité	timidity, shyness	[ti'miditi] ['ʃainis]
timide, craintif	shy, timid	[ʃai] ['timid]
intimider	to intimidate	[in'timideit]
l'intimidation	intimidation	[inˌtimi'deiʃən]
découragé	disheartened	[dis'haːtnd]
perdre courage	to lose heart	[luːz haːt]
lâche (adjectif)	cowardly	['kaʊədli]
le lâche / la lâcheté	coward / cowardice	['kaʊəd] 'kaʊədis]
le tire-au-flanc	shirker	['ʃɜːkər]
le dégonflé, le froussard	yellow-belly	['jeləʊˌbeli]
se soumettre à	to submit to	[səb'mit tu:]
se résigner à	to resign oneself to	[ri'zain wʌn'self tu:]

la résignation	**resignation**	[rezɪgˈneɪʃən]
résigné	**resigned**	[rɪˈzaɪnd]
se plier à	**to bow to**	[baʊ tuː]
soumis	**subservient**	[səbˈsɜːvɪənt]
obéir à	**to obey**	[əʊˈbeɪ]
obéissant	**obedient**	[əˈbiːdɪənt]
l'obéissance	**obedience**	[əˈbiːdɪəns]
paresseux	**lazy, idle**	[ˈleɪzɪ] [ˈaɪdl]
le fainéant	**idler, lazybones**	[ˈaɪdlər] [ˈleɪzɪˌbəʊnz]
la paresse	**laziness, idleness**	[ˈleɪzɪnɪs] [ˈaɪdlnɪs]

Il n'a pas de caractère.	**He's got no character.**
hésiter avant de répondre	**to hesitate before answering**
sans hésiter	**without hesitation** **= without hesitating**
modifier sa décision	**to change one's mind**
Il frémit à cette idée.	**He shuddered at the thought.**
trembler de peur	**to tremble with fear** **= to shake with fear**
Mais tu m'as fait peur !	**You really gave me a scare!**
Il était mort de peur.	**He was frightened to death.**
être saisi de peur	**to be seized by fear** **= to be seized by dread**
à ma grande frayeur	**to my great horror**
avoir l'air redoutable	**to look fearsome** **= to look frightful**
craindre pour quelqu'un	**to fear for somebody**
craindre le pire	**to fear the worst**
prendre peur	**to become frightened** **= to become scared**
Il hésite encore avant de..., il ne sait pas encore si...	**He is still undecided (as to) whether...**
être incapable de se décider	**to be unable to make up one's mind**
faire une frayeur à quelqu'un	**to give somebody a fright (*ou* a scare)**

60. LES SENTIMENTS ET LES SENSATIONS

le sentiment	feeling, sentiment	['fi:lɪŋ] ['sentɪmənt]
la vie affective	emotional life	[ɪ'məʊʃənl laɪf]
l'affaire de sentiment	matter of feel[ing]	['mætər əv 'fi:lɪŋ]
sentir, ressentir	to feel	[fi:l]
sentimental	sentimental	[ˌsentɪ'mentl]
insensible	insensitive	[ɪn'sensɪtɪv]
la sensation	sensation	[sen'seɪʃən]
sensible	sensitive	['sensɪtɪv]
le point sensible	sensitive spot	['sensɪtɪv spɒt]
la sensibilité	sensitivity	[sensɪ'tɪvɪtɪ]
l'insensibilité	insensitivity	[ɪnsensɪ'tɪvɪtɪ]
l'impression	impression	[ɪm'preʃən]
impressionner	to impress	[ɪm'pres]
impressionnant	impressive	[ɪm'presɪv]
percevoir, sentir	to perceive, to sense	[pə'si:v] [sens]
perceptible	perceptible	[pə'septɪbl]
sensible	noticeable	['nəʊtɪsəbl]
susceptible	sensitive, touchy	['sensɪtɪv] ['tʌtʃɪ]
la susceptibilité	sensitivity, touchiness	[sensɪ'tɪvɪtɪ] ['tʌtʃɪnɪs]
la passion	passion	['pæʃən]
passionné(ment)	passionate(ly)	['pæʃənət(lɪ)]
sans passion	dispassionate(ly)	[dɪ'spæʃənət(lɪ)]
excitant	thrilling, exciting	['θrɪlɪŋ] [ɪk'saɪtɪŋ]
émouvoir, toucher	to touch, to move	[tʌtʃ] [mu:v]
émouvant, touchant	moving, touching	['mu:vɪŋ] ['tʌtʃɪŋ]
l'émotion	emotion	[ɪ'məʊʃən]
le coeur et la raison	emotion and reason	[ɪ'məʊʃən ənd 'ri:zn]

J'ai le sentiment que...	I have the feeling that...
J'ai l'étrange sentiment que...	I have a funny feeling that...
se fier à ses sentiments	to trust one's feelings

se sentir responsable	**to feel responsible**
Comment vous sentez-vous ?	**How are you feeling?**
	= How do you feel?
	= What do you feel like?
Je me sens beaucoup mieux.	**I feel much better.**
Je me sens bien.	**I feel well = I feel good.**
Je me sens mal.	**I feel ill = I feel bad.**
C'est un sentiment agréable.	**It feels nice.**
Tout semble si bizarre ici.	**It all feels so strange here.**
Il éprouvait du regret.	**He felt a sense of regret.**
Je me sentais triste.	**I felt sad.**
	= I was feeling sad.
une sensation de douleur	**a sensation of pain**
un sentiment de solitude	**a sense of loneliness**
	= a feeling of loneliness
La pitié s'empara de moi.	**I was overcome by pity.**
Un sentiment de bonheur l'envahit.	**She was filled with a feeling of happiness.**
Un sentiment de peur s'empara d'elle.	**She was gripped by a feeling of fear.**
Un sentiment d'abandon s'empara d'elle.	**A feeling of abandonmentcame over her.**
Mes sentiments ne me trompent jamais.	**My instinct ist never wrong.**
Quels sentiments éprouvez-vous pour lui ?	**How do you feel about him?**
heurter les sentiments de quelqu'un	**to hurt someone's feelings**
éprouver la même chose l'un pour l'autre	**to feel the same [way] about each other**
juger quelqu'un sur la première impression	**to judge somebody on first impressions**
La première impression est souvent la bonne.	**First impressions are usually right.**
se laisser impressionner par quelque chose	**to be impressed by something**
Cela ne m'impressionne pas.	**I'm not impressed by that.**
Il ne nous fit pas sentir son mécontentement.	**He gave no sign of his annoyance.**

61. AMITIÉ - AMOUR - SYMPATHIE

l'amitié	**friendship**	['frendʃip]
amical	**friendly, amicable**	['frendlɪ] ['æmɪkəbl]
l'ami	**friend**	[frend]
être entre amis	**to be among friends**	[bi: ə'mʌŋ frendz]
aimable	**likeable, amiable**	['laɪkəbl] ['eɪmɪəbl]
la camaraderie	**comradeship**	['kɒmrɪdʃip]
le camarade	**comrade**	['kɒmrɪd]
le copain	**mate**	[meɪt]
bien aimer	**to like, to be fond of**	[laɪk] [bi: fɒnd əv]
tendre, affectueux	**affectionate, tender**	[ə'fekʃənət] ['tendər]
la tendresse	**tenderness, fondness**	['tendənɪs] ['fɒndnɪs]
le penchant pour	**fondness for**	['fɒndnɪs]
la sympathie	**friendliness, liking, sympathy**	['frendlɪnɪs] ['laɪkɪŋ] ['sɪmpəθɪ]
sympathique, gentil	**likeable, kind, nice, sympathetic**	['laɪkəbl] [kaɪnd] [naɪs] [ˌsɪmpə'θetɪk]
qui attire la sympathie	**likeable, lovable**	['laɪkəbl] ['lʌvəbl]
la gentillesse	**kindness**	['kaɪndnɪs]
l'amour	**love**	[lʌv]
la lettre d'amour	**love letter**	[lʌv 'letər]
la vie amoureuse	**love life**	[lʌv laɪf]
aimer	**to love**	[lʌv]
affectueux, aimant	**loving, affectionate**	['lʌvɪŋ] [ə'fekʃənət]
l'amant	**lover**	['lʌvər]
le chéri	**dear, darling**	[dɪər] ['dɑ:lɪŋ]
être amoureux de	**to be in love with**	[bi: ɪn lʌv wɪð]
tomber amoureux de	**to fall in love with**	[fɔ:l ɪn lʌv wɪð]
s'enthousiasmer pour	**to be keen on**	[bi: ki:n ɒn]

Est-ce que tu m'aimes ?	**Do you love me?**
Je t'aime.	**I love you.**
Elle aime ce garçon.	**She loves this boy.**

Il est amoureux d'elle.	He is in love with her.
Elle est amoureuse de lui.	She is in love with him.
C'est un sentiment agréable.	It's a lovely feeling.
le coup de foudre	love at first sight
L'amour est aveugle.	Love is blind.
se marier par amour	to marry for love
le mariage d'amour	love-match
par amour pour lui	out of love for him = for love of him
avec amour	lovingly = with love = with loving care
Ils s'aiment bien.	They're fond of one another = They like each other.
Ils s'aiment.	They love each other.
Elle l'aime beaucoup.	She likes him very much.
C'est lui qu'elle préfère.	She likes him best.
Il est très apprécié ici.	He is well liked here.
C'est un ami à moi.	He's a friend of mine.
en toute amitié	in all friendliness
bien aimer faire qqch.	to be fond of doing sth = to like doing something
J'aime beaucoup le théâtre.	I'm very fond of the theatre.
Pour l'amour de Dieu !	For the love of God!
Pour l'amour du ciel !	For heaven's sake!
éprouver de la sympathie pour quelqu'un	to have a liking for somebody
être aimable envers quelqu'un	to be kind to somebody
C'était très gentil à vous de m'aider.	It was very kind of you to help me.
Ce n'était pas très gentil de ta part.	That wasn't very nice of you.
être bien disposé envers quelqu'un	to be well-disposed towards somebody to feel friendly towards somebody
devenir l'ami de quelqu'un	to make a friend of somebody

62. BONTÉ - GÉNÉROSITÉ - PITIÉ

avoir bon coeur	**to have a good heart**	[gʊd hɑːt]
la bonté	**goodness, kindness**	['gʊdnɪs] ['kaɪndnɪs]
doux, bon	**kind, good, gentle**	[kaɪnd] [gʊd] ['dʒentl]
généreux	**generous**	['dʒenərəs]
large d'esprit	**broad-minded**	[brɔːd 'maɪndɪd]
la générosité	**generosity**	[dʒenə'rɒsɪtɪ]
désintéressé	**unselfish, selfless**	[ʌn'selfɪʃ] ['selflɪs]
altruiste	**altruistic**	[æltrʊ'ɪstɪk]
le bienfait	**good turn, benefit**	[gʊd tɜːn] ['benɪfɪt]
prendre soin de	**to take care of**	[teɪk keər əv]
veiller sur	**to look after**	[lʊk 'ɑːftər]
la magnanimité	**magnanimity**	[mægnə'nɪmɪtɪ]
magnanime	**magnanimous**	[mæg'nænɪməs]
aider - l'aide	**to help - help**	[help] [help]
serviable, disponible	**helpful**	['helpfʊl]
se dévouer, se sa-crifier	**to devote oneself** **to dedicate oneself**	[dɪ'vəʊt wʌn'self] ['dedɪkeɪt wʌn'self]
le dévouement	**devotion**	[dɪ'vəʊʃən]
le sacrifice de soi	**(self-)sacrifice**	[self 'sækrɪfaɪs]
plein de dévouement	**self-sacrificing**	[self 'sækrɪfaɪsɪŋ]
l'indulgence	**leniency, forbearance**	['liːnɪənsɪ] [fɔː'beərəns]
indulgent envers	**lenient towards**	['liːnɪənt tə'wɔːdz]
bienveillant	**benevolent**	[bɪ'nevələnt]
la bonne volonté	**goodwill**	['gʊdwɪl]
la bienveillance	**benevolence**	[bɪ'nevələns]
comprendre	**to understand**	[ʌndə'stænd]
compréhensif	**understanding**	[ʌndə'stændɪŋ]
la pitié, la compassion	**pity, compassion, sympathy**	['pɪtɪ] [kəm'pæʃən] ['sɪmpəθɪ]
qui fait pitié	**pitiful, pitiable**	['pɪtɪfʊl] ['pɪtɪəbl]
la miséricorde, la pitié	**mercy**	['mɜːsɪ]
miséricordieux	**merciful**	['mɜːsɪfʊl]
compatissant	**compassionate**	[kəm'pæʃənət]

avoir pitié de	**to take pity on**	[teɪk ˈpɪtɪ ɒn]
regretter	**to regret, to lament**	[rɪˈgret] [ləˈment]
regrettable	**regrettable**	[rɪˈgretəbl]
le réconfort	**solace, comfort**	[ˈsɒləs] [ˈkʌmfət]
consoler	**to console**	[ˈkɒnsəʊl]
réconforter	**to solace, to comfort**	[ˈsɒləs] [ˈkʌmfət]
pardonner	**to forgive**	[fəˈgɪv]
le pardon	**forgiveness**	[fəˈgɪvnɪs]

Il est la bonté même.	**He is goodness itself.**
	= He is kindness itself.
qui a bon coeur	**kind-hearted = good-hearted**
le bon coeur, la bonté	**kind-heartedness**
	= good-heartedness
le désintéressement	**unselfishness = selflessness**
faire une bonne action	**to do a good deed**
Tes désirs sont des ordres.	**Your wish is my command.**
Il me faisait de la peine.	**I felt sorry for him.**
Elle aime bien se faire plaindre.	**She likes being pitied.**
toucher les coeurs	**to touch people's hearts**
émouvoir les gens	**to move people**
avoir bon coeur pour les malades et les pauvres	**to feel for the sick and the poor**
Aide-toi, le ciel t'aidera !	**God helps those who help themselves.**
demander de l'aide à quelqu'un	**to ask somebody for help**
	= to request somebody's help
appeler quelqu'un à l'aide, à la rescousse	**to call on somebody for help**
être d'un grand secours à quelqu'un	**to be a great help to somebody**
rendre [un] service à quelqu'un	**to do somebody a good turn (*ou* a favour)**
être aux côtés de, assister quelqu'un	**to stand by somebody**

63. JOIE - BONNE HUMEUR

content de	**contended with**	[kən'tentɪd wɪð]
satisfait de	**satisfied with**	['sætɪsfaɪd wɪð]
la satisfaction	**contentment**	[kən'tentmənt]
satisfaisant	**satisfactory**	[ˌsætɪs'fæktərɪ]
la joie	**joy, pleasure**	[dʒɔɪ] ['pleʒər]
à notre (grande) joie	**to our delight**	[tʊ 'aʊər dɪ'laɪt]
rayonnant de joie	**beaming with joy**	['biːmɪŋ wɪð dʒɔɪ]
joyeux	**joyful, cheerful**	['dʒɔɪfʊl] ['tʃɪəfʊl]
se réjouir de	**to be pleased about**	[pliːzd ə'baʊt]
	= to be glad about	[glæd ə'baʊt]
se réjouir à l'idée de	**to look forward to**	[lʊk 'fɔːwəd tuː]
heureux, content	**happy, pleased, glad**	['hæpɪ] [pliːzd] [glæd]
plaisant, agréable	**pleasant, pleasing**	['plezənt] ['pliːzɪŋ]
jouir de, profiter de	**to enjoy**	[ɪn'dʒɔɪ]
	to make the most of	[meɪk ðə məʊst əv]
plein d'entrain, gai, enjoué	**cheerful, merry**	['tʃɪəfʊl] ['merɪ]
	jolly, lively	['dʒɒlɪ] ['laɪvlɪ]
la gaieté, l'entrain	**cheerfulness**	['tʃɪəfʊlnɪs]
stimuler, remonter,	**to cheer up, to liven up**	[tʃɪər 'ʌp] [laɪvn 'ʌp]
amusant	**funny**	['fʌnɪ]
amuser, divertir	**to amuse**	[ə'mjuːz]
l'hilarité	**merriment, hilarity**	['merɪmənt] [hɪ'lærɪtɪ]
de bonne humeur	**good-humoured**	[gʊd 'hjuːməd]
l'humeur	**mood**	[muːd]
rire	**to laugh**	[lɑːf]
le rire	**laughter**	['lɑːftər]
être risible	**to be laughable**	['lɑːfəbl]
sourire - le sourire	**to smile - smile**	[smaɪl] [smaɪl]
le plaisir	**pleasure**	['pleʒər]
s'amuser, se divertir	**to enjoy oneself**	[ɪn'dʒɔɪ wʌn'self]
	to have a good time	[gʊd taɪm]

la plaisanterie; la blague	**joke, jest**	[dʒəʊk] [dʒest]
plaisanter	**to joke, to jest**	[dʒəʊk] [dʒest]
Je ne plaisante pas	**I'm not joking**	[aɪm nɒt 'dʒəʊkɪŋ]
l'amusement	**fun**	[fʌn]
Ce n'est pas une plaisanterie	**It's no joke It's no fun**	[ɪts nəʊ dʒəʊk] [ɪts nəʊ fʌn]
pour plaisanter	**in jest, as a joke, for fun**	[ɪn dʒest] [dʒəʊk] [fɔːr fʌn]
l'esprit, l'humour	**wit, humour**	[wɪt] ['hjuːmər]
spirituel, plein d'esprit	**witty, full of wit**	['wɪtɪ] fʊl əv wɪt]

avoir l'air content, satisfait	**to look contended (*ou* satisfied)**
à ma grande satisfaction.	**to my great satisfaction.**
à la satisfaction générale.	**to everyone's satisfaction.**
Tout le plaisir est pour moi !	**The pleasure is all mine!**
Je te souhaite bien du plaisir !	**I hope you have a good time!**
Amuse-toi bien !	**Have a good time! = Have fun! = Enjoy yourself!**
profiter de la vie	**to enjoy life**
	to make the most of life
être de bonne humeur	**to be in a good mood**
	= to be in a good temper
être fou de joie	**to be beside oneself with joy**
Il n'y a pas de quoi rire.	**There's nothing to laugh about.**
	= It's no laughing matter.
Je n'ai pas le coeur à rire.	**I'm in no laughing mood.**
se moquer de quelqu'un	**to laugh at somebody**
	= to make fun of somebody
rire au nez de quelqu'un	**to laugh in somebody's face**
mourir de rire	**to laugh oneself silly**
	= to die laughing
éclater de rire	**to burst out laughing**
Blague à part !	**joking aside = joking apart**
Je ne suis pas d'humeur à plaisanter.	**I'm not in the mood for joking.**

64. CALME - PATIENCE - PRUDENCE

le calme	calm, calmness, composure	[kɑːm] ['kɑːmnɪs] [kəm'pəʊʒər]
le sang-froid	coolness	['kuːlnɪs]
qui a du sang-froid	cool-headed	[kuːl 'hedɪd]
calme	cool, quiet, calm	[kuːl] ['kwaɪət] [kɑːm]
se calmer	to calm down	[kɑːm daʊn]
la patience	patience	['peɪʃəns]
patient	patient	['peɪʃənt]
le contrôle de soi	self-control	[self kən'trəʊl]
se maîtriser	to control oneself	[kən'trəʊl wʌn'self]
se retenir	to restrain oneself	[rɪ'streɪn wʌn'self]
réservé, discret	restrained	[rɪ'streɪnd]
modéré	moderate	['mɒdərət]
modérer	to moderate	['mɒdərət]
retenir, reffréner	to curb, to check	[kɜːb] [tʃek]
la détente	relaxation	[ˌriːlæk'seɪʃən]
décontracté	relaxed, composed	[riː'lækst] [kəm'pəʊzd]
discret, secret	discreet	[dɪ'skriːt]
la discrétion	discretion, secrecy	[dɪ'skreʃən] ['siːkrɪsɪ]
se taire	to be silent = to keep quiet	[biː 'saɪlənt] [kiːp 'kwaɪət]
la prudence	care, caution	[keər] ['kɔːʃən]
prudent	careful, cautious	['keəfʊl] ['kɔːʃəs]
prudemment	carefully	['keəfəlɪ]
Sois prudent !	Be careful! = Take care!	[biː 'keəfʊl] [teɪk keər]
veiller à, faire attention à	to mind = to look after	[maɪnd] [lʊk 'ɑːftər]
méfiant	suspicious	[sə'spɪʃəs]
le bon sens	common sense	['kɒmən sens]
la sagesse	wisdom	['wɪzdəm]
sage	wise	[waɪz]

constant	**constant, steadfast**	['kɒnstənt] ['stedfəst]
le souci, l'inquiétude	**worry, concern**	['wʌrɪ] [kən'sɜːn]
préoccupé par, inquietde	**worried about** = **concerned about**	['wʌrɪd ə'baʊt] [kən'sɜːnd ə'baʊt]
se faire du souci pour	**to be worried about** = **to worry about**	['wʌrɪd ə'baʊt] ['wʌrɪ ə'baʊt]
veiller à ce que...	**to make sure that...**	[meɪk ʃʊər]
soucieux, anxieux	**anxious**	['æŋkʃəs]
préoccupant	**worrying, serious**	['wʌrɪɪŋ] ['sɪərɪəs]

Il est le calme même.	**He is calmness itself.**
garder son calme	**to keep calm** = **to keep [one's] cool**
garder la tête froide	**to keep a cool head**
rester calme	**to remain calm** = **to stay calm**
conserver son calme	**to maintain one's composure**
Contrôlez-vous !	**Control yourself!**
Mesurez vos paroles !	**Tone down your language!**
retrouver son calme	**to regain one's composure**
Il sait garder un secret.	**He can keep a secret.**
un secret de polichinelle.	**an open secret.**
être prudent	**to be cautious** = **to be careful**
Attention !	**Watch out!** = **Look out!** = **Mind out!**
Attention, chien méchant !	**Beware of the dog!**
être sur ses gardes	**to be on one's guard**
conseiller la prudence	**to advise caution**
par précaution	**[in order] to be on the safe side**
revenir à la raison	**to see reason** = **to come to one's senses**
Ne t'en fais pas !	**Don't worry!**
Ne t'en fais pour ça !	**Don't worry about that!**
Il se fait du souci pour toi.	**He's worried about you.**
n'avoir que des soucis	**to have nothing but worries**

65. HONNEUR - LOYAUTÉ - FRANCHISE

l'honneur	honour	[ˈɒnər]
le sens de l'honneur	sense of honour	[sens əv ˈɒnər]
la parole d'honneur	word of honour	[wɜːd əv ˈɒnər]
digne, estimable	worthy	[ˈwɜːðɪ]
honorable	honourable	[ˈɒnərəbl]
honnête	honest	[ˈɒnɪst]
l'honnêteté	honesty	[ˈɒnɪstɪ]
probe, honnête	upright, truthful	[ˈʌpraɪt] [ˈtruːfʊl]
la probité, la droi-ture	uprightness = truthfulness	[ˈʌpraɪtnɪs] [ˈtruːfʊlnɪs]
fier de	proud of	[praʊd əv]
la fierté	pride	[praɪd]
la dignité	dignity	[ˈdɪgnɪtɪ]
digne, plein de dignité	dignified	[ˈdɪgnɪfaɪd]
dignement	with dignity	[wɪð ˈdɪgnɪtɪ]
digne de	worthy of	[ˈwɜːðɪ əv]
exemplaire	exemplary	[ɪgˈzemplərɪ]
la confiance	trust, confidence	[trʌst] [ˈkɒnfɪdəns]
confiant	trusting	[ˈtrʌstɪŋ]
digne de confiance	trustworthy	[ˈtrʌstwɜːðɪ]
fiable	reliable, dependable	[rɪˈlaɪəbl] [dɪˈpendəbl]
avoir confiance en, se fier à	to trust in, to rely on, to have faith in	[trʌst ɪn] [rɪˈlaɪ ɒn] [hæv feɪθ ɪn]
croire	to believe	[bɪˈliːv]
sincère	sincere, genuine	[sɪnˈsɪər] [ˈdʒenjʊɪn]
sincèrement	sincerely, frankly	[sɪnˈsɪəlɪ] [ˈfræŋklɪ]
la sincérité	sincerity	[sɪnˈserɪtɪ]
la franchise	frankness	[ˈfræŋknɪs]
la promesse	promise	[ˈprɒmɪs]
promettre	to promise	[ˈprɒmɪs]
jurer	to swear	[sweər]
le serment	vow, oath	[vaʊ] [əʊθ]
prêter (un) serment	to take an oath	[teɪk ən əʊθ]
la pureté	purity	[ˈpjʊərɪtɪ]

[in]corruptible	**[in]corruptible**	[(ɪn)kəˈrʌptɪbl]
la magnanimité	**magnanimity**	[mægnəˈnɪmɪtɪ]
noble, généreux	**noble-minded**	[ˈnəʊbl ˈmaɪndɪd]
magnanime	**magnanimous**	[mægˈnænɪməs]
la loyauté	**loyalty**	[ˈlɔɪəltɪ]
la fidélité	**fidelity, faithfulness**	[fɪˈdelɪtɪ] [ˈfeɪθfʊlnɪs]
fidèle, loyal	**faithful, loyal**	[ˈfeɪθfʊl] [ˈlɔɪəl]

conserver sa dignité	**to preserve one's dignity**
sauver la face	**to save face**
montrer l'exemple	**to set a good example**
Que tu le croies ou non...	**Believe it or not...**
croire en quelqu'un	**to believe in somebody**
avoir foi en quelqu'un	**to have faith in somebody**
C'est à peine croyable.	**It is scarcely credible = It is hardly credible.**
Il compte sur ta venue.	**He's relying on you to come.**
Tu peux t'y fier.	**You can depend on that = You can rely on that.**
de tout cœur.	**with all one's heart.**
Il tient ses promesses.	**He keeps his promises.**
rester fidèle à quelqu'un	**to remain true to somebody**
rester fidèle à ses principes	**to stick to one's principles**
avoir la conscience tranquille	**to have a clear conscience**
tenir (sa) parole	**to keep one's word**
ne pas respecter sa parole	**to break one's word**
prendre au mot	**to take at his (ou her) word**
en l'honneur de quelqu'un.	**in honour of somebody.**
Il en fait une affaire d'honneur.	**He makes it a point of honour.**
un sens de l'honneur mal placé.	**a misplaced sense of honour.**
se sentir blessé dans sa dignité	**to feel that one's dignity has been affronted**
se montrer digne de quelqu'un	**to prove oneself worthy of somebody**
avoir confiance en quelqu'un	**to have confidence in somebody**

66. POLITESSE - TACT - RESPECT

le remerciement	**thanks**	[θæŋks]
remercier quelqu'un	**to thank somebody**	[θæŋk]
reconnaissant	**grateful**	['greɪtfʊl]
la gratitude	**gratitude**	['grætɪtjuːd]
poli	**polite**	[pə'laɪt]
courtois	**courteous**	['kɜːtɪəs]
la politesse	**politeness**	[pə'laɪtnɪs]
prévenant, obligeant	**obliging**	[ə'blaɪdʒɪŋ]
obligeamment	**obligingly**	['blaɪdʒɪŋlɪ]
affable, aimable	**affable, amiable**	['æfəbl] ['eɪmɪəbl]
l'affabilité	**affability**	[æfə'bɪlɪtɪ]
le tact	**tact, sense of tact**	[tækt] [sens əv tækt]
la sensibilité	**sensitivity**	[sensɪ'tɪvɪtɪ]
plein de tact	**tactful**	['tæktfʊl]
le respect	**respect**	[rɪ'spekt]
respectueux	**respectful**	[rɪ'spektfʊl]
respecter	**to respect**	[rɪ'spekt]
s'excuser	**to apologize**	[ə'pɒlədʒaɪz]
	= to excuse oneself	[ɪk'skjuːz wʌn'self]
excuser	**to excuse**	[ɪk'skjuːz]
l'excuse	**excuse, apology**	[ɪk'skjuːs] [ə'pɒlədʒɪ]
pardonner	**to forgive**	[fə'gɪv]
le pardon	**forgiveness, pardon**	[fə'gɪvnɪs] ['pɑːdn]
les bonnes moeurs	**common decency**	['kɒmən 'diːsənsɪ]
les (bonnes) manières	**[good] manners**	[gʊd 'mænəz]
la moralité	**morality**	[mə'rælɪtɪ]
la morale	**morals, standards**	['mɒrəlz]
	moral standards	['stændədz] ['mɒrəl 'stændədz]
la double morale	**double standards**	['dʌbl 'stændədz]
moral	**moral**	['mɒrəl]
chaste, pudique	**chaste**	[tʃeɪst]
la chasteté, la pudeur	**chasteness**	['tʃeɪstnɪs]

la décence	**decency**	['di:sənsı]
décent, correct	**decent**	['di:sənt]
bienséant	**seemly**	['si:mlı]
la honte	**shame**	[ʃeım]
sans aucune honte	**unashamedly**	[ʌnə'ʃeımıdlı]
avoir honte (de)	**to be ashamed (of)**	[bi: ə'ʃeımd əv]
Honte à toi !	**Shame on you!**	[ʃeım ɒn ju:]
le sentiment de honte	**sense of shame**	[sens əv ʃeım]
rougir de honte	**to blush with shame**	[blʌʃ wıð ʃeım]

Merci beaucoup !	**Thank you very much!** **= Many thanks!**
Il n'y a pas de quoi !	**Don't mention it!**
le respect de soi-même	**self respect**
se faire respecter	**to command respect**
se faire excuser	**to be excused**
C'est inexcusable.	**That's unforgivable** **= That's inexcusable.**
Je vous demande pardon.	**I beg your pardon.**
Pardonnez-moi.	**Excuse me; Forgive me.**
Permettez-vous que... ?	**May I...?**
Si vous permettez.	**If I may.**
Je suis désolé que...	**I'm sorry that...**
Je regrette beaucoup que...	**I am very sorry that...**
souhaiter la bienvenue à	**to welcome somebody**
Enchanté de vous rencontrer !	**Pleased to meet you!**
enfreindre les bonnes mœurs	**to offend common decency**
Cela ne se fait pas !	**That's bad manners!** **= That's not done!**
Elle rougit de honte.	**She went red with shame.**
sans la moindre honte.	**without the slightest shame.**
Qu'est ce que c'est que ces manières !	**What sort of a way is that to behave!**
Tu devrais avoir honte !	**You ought to be ashamed of yourself!**
Il s'excusa d'être en retard.	**He excused himself for being late.**

67. HOSTILITÉ - MÉPRIS - MÉCHANCETÉ

déplaire à	to displease	[dɪsˈpliːz]
déplaisant	displeasing, unpleasant	[dɪsˈpliːzɪŋ] [ʌnˈplezənt]
ne pas aimer	to dislike	[dɪsˈlaɪk]
le déplaisir	displeasure	[dɪsˈpleʒər]
l'ennemi	enemy	[ˈenəmɪ]
hostile	hostile	[ˈhɒstaɪl]
l'inimitié	enmity	[ˈenmɪtɪ]
l'hostilité	hostility	[hɒˈstɪlɪtɪ]
l'aversion	dislike, aversion	[dɪsˈlaɪk] [əˈvɜːsən]
la haine	hate, hatred	[heɪt] [ˈheɪtrɪd]
haïr	to hate	[heɪt]
détester	to detest	[dɪˈtest]
détestable, odieux	hateful, odious	[ˈheɪtfʊl] [ˈəʊdɪəs]
plein de haine	filled with hatred	[fɪld wɪð ˈheɪtrɪd]
haineux	spiteful	[ˈspaɪtfʊl]
détesté	hated, detested	[ˈheɪtɪd] [dɪˈtestɪd]
le dégoût	disgust	[dɪsˈgʌst]
écoeurant	nasty, sickening	[ˈnɑːstɪ] [ˈsɪknɪŋ]
dédaigneux	disdainful	[dɪsˈdeɪnfʊl]
méprisant	scornful = contemptuous	[ˈskɔːnfʊl] [kənˈtemptjʊəs]
le dédain, le mépris	disdain, disregard, contempt, scorn	[dɪsˈdeɪn] [dɪsrɪˈgɑːd] [kənˈtempt] [skɔːn]
mépriser	to despise to hold in contempt	[dɪˈspaɪz] [həʊld ɪn kənˈtempt]
méprisable	contemptible = despicable	[kənˈtemptɪbl] [dɪˈspɪkəbl]
maudire	to curse	[kɜːs]
méchant, mauvais	wicked, evil	[ˈwɪkɪd] [ˈiːvl]
méchant, malveillant	malicious	[məˈlɪʃəs]
la méchanceté	malice = maliciousness	[ˈmælɪs] [məˈlɪʃəsnɪs]

insensible, sans coeur	**heartless, callous, unfeeling**	[ˈhɑːtlɪs] [ˈkæləs] [ʌnˈfiːlɪŋ]
le manque de coeur, l'insensibilité	**heartlessness callousness**	[ˈhɑːtlɪsnɪs] [ˈkæləsnɪs]
sans pitié, impitoyable	**merciless, pitiless**	[ˈmɜːsɪlɪs] [ˈpɪtɪlɪs]
dur, rude, brutal	**brutish, harsh, rough**	[ˈbruːtɪʃ] [hɑːʃ] [rʌf]
cruel	**cruel**	[ˈkruːəl]
la cruauté	**cruelty**	[ˈkruːəltɪ]
nuire à	**to damage, to harm**	[ˈdæmɪdʒ] [hɑːm]
la médisance	**slander**	[ˈslɑːndər]
diffamer, calomnier	**to slander**	[ˈslɑːndər]
diffamatoire	**slanderous**	[ˈslɑːndərəs]
l'égoïsme	**selfishness**	[ˈselfɪʃnɪs]
égoïste	**selfish, egoistic**	[ˈselfɪʃ] [egəʊˈɪstɪk]
la jalousie	**jealousy, envy**	[ˈdʒeləsɪ] [ˈenvɪ]
par jalousie	**out of envy**	[aʊt əv ˈenvɪ]
la cupidité	**greed**	[griːd]
cupide, avide	**greedy, grasping**	[ˈgriːdɪ] [ˈgrɑːspɪŋ]
l'avarice	**meanness**	[ˈmiːnnɪs]
avare, pingre	**mean, miserly**	[miːn] [ˈmaɪzəlɪ]
mesquin	**stingy**	[ˈstɪndʒɪ]
la rancune	**rancour**	[ˈræŋkər]
la vengeance	**revenge**	[rɪˈvendʒ]
venger	**to avenge**	[əˈvendʒ]
se venger	**to take revenge**	[teɪk rɪˈvendʒ]
ingrat	**ungrateful**	[ʌnˈgreɪtfʊl]
l'ingratitude	**ungratefulness**	[ʌnˈgreɪtfʊlnɪs]
la méfiance	**mistrust, distrust**	[mɪsˈtrʌst] [dɪsˈtrʌst]
se méfier de	**to mistrust**	[mɪsˈtrʌst]
méfiant	**mistrustful**	[mɪsˈtrʌstfʊl]

faire du mal à quelqu'un	**to do somebody harm**
Je ne lui veux aucun mal.	**I don't mean him any harm.**
faire du tort à quelqu'un	**to harm somebody**
éveiller la jalousie de qqn	**to arouse somebody's jealousy**
souhaiter du mal à qqn	**to wish somebody ill**

68. MÉCONTENTEMENT - MALHEUR

mécontent, insatisfait	**dissatisfied**	[dɪˈsætɪsfaɪd]
le mécontentement	**dissatisfaction**	[dɪsætɪsˈfækʃən]
décevoir	**to disappoint**	[dɪsəˈpɔɪnt]
la déception	**disappointment**	[dɪsəˈpɔɪntmənt]
triste	**sad, sorrowful**	[sæd] [ˈsɒrəʊfʊl]
la tristesse	**sadness, sorrow**	[ˈsædnɪs] [ˈsɒrəʊ]
sans joie, morne	**joyless**	[ˈdʒɔɪlɪs]
le chagrin, la peine	**sorrow, grief**	[ˈsɒrəʊ] [griːf]
pleurer	**to cry, to weep**	[kraɪ] [wiːp]
pleurer de rage	**to cry with anger**	[kraɪ wɪð ˈæŋgər]
la larme	**tear**	[tɪər]
pleurnichard	**cry-baby**	[ˈkraɪˌbeɪbɪ]
pleurnicher	**to whine**	[waɪn]
le soupir / soupirer	**sigh / to sigh**	[saɪ] [saɪ]
le sanglot / sangloter	**sob / to sob**	[sɒb] [sɒb]
gémir	**to moan, to groan**	[məʊn] [grəʊn]
la consternation	**dismay**	[dɪsˈmeɪ]
consterné par	**dismayed about**	[dɪsˈmeɪd əˈbaʊt]
attrister, chagriner	**to sadden**	[ˈsædn]
attristant, désolant	**gloomy, depressing**	[ˈgluːmɪ] [dɪˈpresɪŋ]
l'inquiétude	**worry, concern**	[ˈwʌrɪ] [kənˈsɜːn]
(s')inquiéter	**to worry**	[ˈwʌrɪ]
inquiétant	**worrying**	[ˈwʌrɪɪŋ]
malheureux	**unhappy**	[ʌnˈhæpɪ]
malchanceux	**unlucky**	[ʌnˈlʌkɪ]
malheureusement	**unfortunately**	[ʌnˈfɔːtʃnɪtlɪ]
la malchance	**bad luck**	[bæd lʌk]
les joies et les peines	**joy and sorrow**	[dʒɔɪ ənd ˈsɒrəʊ]
	joys and sorrows	[dʒɔɪz ənd ˈsɒrəʊz]
sans espoir	**without hope**	[wɪˈθaʊt həʊp]
désespéré	**desperate**	[ˈdespərət]
le désespoir	**despair**	[dɪˈspeər]
le découragement	**dejection**	[dɪˈdʒekʃən]
découragé, abattu	**dejected**	[dɪˈdʒektɪd]

146

perdre l'espoir	**to lose hope**	[luːz həʊp]
être désespéré	**to feel desperate**	[fiːl 'despərət]
désespérément	**desperately**	['despərətlɪ]
la souffrance	**pain, suffering**	[peɪn] ['sʌfərɪŋ]
douloureux	**painful, distressing**	['peɪnfʊl] [dɪ'stresɪŋ]
Comme c'est dom-mage !	**What a pity!** **What a shame!**	[wɒt ə 'pɪtɪ] [wɒt ə ʃeɪm]
plaindre	**to feel sorry for** **= to pity**	[fiːl 'sɒrɪ fɔːr] ['pɪtɪ]
se plaindre de	**to complain about**	[kəm'pleɪn ə'baʊt]
la plainte	**complaint**	[kəm'pleɪnt]
les remords	**pangs of conscience**	[pæŋz əv 'kɒnʃəns]
se repentir	**to repent**	[rɪ'pent]
le repentir	**remorse**	[rɪ'mɔːs]
l'amertume	**bitterness**	['bɪtənɪs]
le désir ardent de ; la nostalgie de	**longing for** **yearning for**	['lɒŋɪŋ fɔːr] ['jɜːnɪŋ fɔːr]
avoir la nostalgie de	**to long for**	[lɒŋ fɔːr]
plein de nostalgie	**full of longing**	[fʊl əv 'lɒŋɪŋ]

Il n'est jamais content.	**There's no pleasing him.**
Cela me rend triste.	**That makes me [feel] sad.**
Nos espoirs furent déçus.	**Our hopes were dashed.**
être de mauvaise humeur	**to be in a bad mood (*ou* temper)**
de mauvaise humeur	**ill-tempered = bad-tempered**
C'est à pleurer !	**It's enough to make you weep!**
être au bord des larmes	**to be near to tears**
sécher ses larmes	**to wipe away one's tears**
pleurer sur son sort	**to feel sorry for oneself**
éclater en sanglots	**to burst into tears**
craindre le pire	**to fear the worst**
par désespoir	**out of desperation**
Je suis peiné que...	**It grieves (*ou* pains) me that...**

69. IMPATIENCE - COLÈRE - INDIGNATION

l'impatience	**impatience**	[ɪm'peɪʃəns]
impatient	**impatient**	[ɪm'peɪʃənt]
agité, remuant	**agitated, restless**	['ædʒɪteɪtɪd] ['restlɪs]
nerveux	**nervy, nervous**	['nɜːvɪ] ['nɜːvəs]
la nervosité	**nervousness**	['nɜːvəsnɪs]
s'énerver	**to get excited**	[get ɪk'saɪtɪd]
	= to get annoyed	[get ə'nɔɪd]
énervant	**annoying**	[ə'nɔɪɪŋ]
excitant	**exciting**	[ɪk'saɪtɪŋ]
bouillant, emporté	**overheated**	[əʊvə'hiːtɪd]
	= carried away	['kærɪd ə'weɪ]
le cri	**cry, shout**	[kraɪ] [ʃaʊt]
pousser un cri	**to give a cry**	[gɪv ə kraɪ]
hurler, brailler	**to roar**	[rɔːr]
la colère	**anger, wrath**	['æŋgər] [rɒθ]
l'accès de colère	**angry outburst**	['æŋgrɪ 'aʊtbɜːst]
en colère	**in a rage, in anger**	[ɪn ə reɪdʒ] [ɪn 'æŋgər]
fâché, en colère	**angry**	['æŋgrɪ]
la contrariété	**annoyance**	[ə'nɔɪəns]
irrité, contrarié	**annoyed, upset**	[ə'nɔɪd] [ʌp'set]
de mauvaise humeur	**cross**	[krɒs]
se fâcher	**to get angry**	[get 'æŋgrɪ]
exaspérer	**to enrage**	[ɪn'reɪdʒ]
rendre furieux	**to infuriate**	[ɪn'fjʊərɪeɪt]
bougon	**grumpy**	['grʌmpɪ]
la mauvaise humeur	**bad mood**	[bæd muːd]
l'amertume	**bitterness**	['bɪtənɪs]
furieux	**furious**	['fjʊərɪəs]
exagéré	**exaggerated**	[ɪg'zædʒəreɪtɪd]
excessif	**excessive**	[ɪk'sesɪv]
immodéré	**immoderate**	[ɪ'mɒdərət]
la démesure	**excessiveness**	[ɪk'sesɪvnɪs]

Ma patience est à bout.	**My patience is exhausted.**
Ma patience a ses limites !	**I'm just losing my patience!**
perdre son calme	**to lose one's composure**
Tu m'énerves !	**You are getting on my nerves!**
Ne t'énerve pas !	**Don't get excited! Calm down!**
J'en ai assez !	**I have had enough! = I am fed up!**
C'est honteux !	**It's shameful!**
Espèce d'impoli !	**You rude fellow!**
Dehors !	**Get out (of here)!**
Sortez d'ici !	**Go on, out, move it!**
Du calme !	**Calm down!**
Ne t'énerve pas !	**Don't get angry!**
Je m'en fiche.	**I don't care!**
Tant pis !	**It can't be helped!**
avoir les nerfs solides	**to have strong nerves**
avoir les nerfs fragiles	**to have bad nerves**
taper sur les nerfs de qqn	**to get on somebody's nerves**
Ne hurle pas comme ça !	**There's no need to shout like that!**
exprimer son mécontentement	**to vent one's anger**
Sinon ça va chauffer !	**Otherwise there'll be trouble!**
avoir l'air contrarié, fâché	**to look annoyed = to look angry**
se mettre en colère	**to lose one's temper**
La colère s'empara de lui.	**He became angry**
	= He flew into a rage.
se séparer en mauvais termes	**to part on bad terms**
fâché contre (quelqu'un)	**annoyed at = angry with**
contrarié par (quelque chose)	**annoyed about = angry about**
enrager contre quelqu'un	**to be furious with somebody**
se mettre en rage	**to get furious**
provoquer la colère de qqn	**to incur somebody's anger**
être indigné par qqch.	**to be outraged at something**
être outré par quelqu'un	**to be outraged about somebody**
N'est-ce pas un peu exagéré ?	**Isn't that rather excessive?**

70. DÉLOYAUTÉ - MENSONGE - IMPOLITESSE

le déshonneur	**dishonour, disgrace**	[dɪsˈɒnər] [dɪsˈɡreɪs]
déshonorer	**to dishonour**	[dɪsˈɒnər]
la honte	**shame**	[ʃeɪm]
déshonorant	**disgraceful**	[dɪsˈɡreɪsfʊl]
honteux	**shameful**	[ˈʃeɪmfʊl]
scandaleux	**scandalous**	[ˈskændələs]
sans honneur	**dishonourable**	[dɪsˈɒnərəbl]
sans dignité	**undignified**	[ʌnˈdɪɡnɪfaɪd]
indigne	**unworthy**	[ʌnˈwɜːðɪ]
le manque de dignité	**lack of dignity**	[læk əv ˈdɪɡnɪtɪ]
malhonnête, déloyal	**dishonest**	[dɪsˈɒnɪst]
la mauvaise foi, la déloyauté	**dishonesty = disloyalty**	[dɪsˈɒnɪstɪ] [dɪsˈlɔɪəltɪ]
corrompu	**corrupt**	[kəˈrʌpt]
corrompre	**to bribe, to corrupt**	[braɪb] [kəˈrʌpt]
la corruption	**bribe, bribery**	[braɪb] [ˈbraɪbərɪ]
le mensonge	**lie**	[laɪ]
mentir	**to lie**	[laɪ]
mensonger	**untruthful**	[ʌnˈtruːθfʊl]
le menteur	**liar**	[ˈlaɪər]
mentir à quelqu'un	**to lie to somebody**	[laɪ]
la duplicité	**deceitfulness**	[dɪˈsiːtfʊlnɪs]
faux, trompeur	**false, deceitful**	[fɔːls] [dɪˈsiːtfʊl]
hypocrite	**hypocritical**	[ˌhɪpəˈkrɪtɪkəl]
l'hypocrisie	**hypocrisy**	[hɪˈpɒkrɪsɪ]
infidèle à	**unfaithful to**	[ʌnˈfeɪθfʊl]
l'infidélité	**unfaithfulness**	[ʌnˈfeɪθfʊlnɪs]
la trahison	**betrayal, treason**	[bɪˈtreɪəl] [ˈtriːzn]
trahir	**to betray**	[bɪˈtreɪ]
le traître	**traitor**	[ˈtreɪtər]
le méfait	**misdeed**	[mɪsˈdiːd]
le malfaiteur	**malefactor**	[ˈmælɪfæktər]
la crapule	**scoundrel**	[ˈskaʊndrəl]

l'imposteur, l'escroc	**swindler, crook**	[ˈswɪndlər] [krʊk]
détestable, odieux	**hateful, odious**	[ˈheɪtfʊl] [ˈəʊdɪəs]
tromper, duper	**to deceive, to cheat**	[dɪˈsiːv] [tʃiːt]
perfide, sournois	**treacherous**	[ˈtretʃərəs]
la perfidie	**treachery**	[ˈtretʃərɪ]
l'impolitesse	**impoliteness**	[ˌɪmpəˈlaɪtnɪs]
impoli	**impolite**	[ˌɪmpəˈlaɪt]
irrespectueux	**disrespectful**	[dɪsrɪˈspektfʊl]
l'irrespect	**disrespect**	[dɪsrɪˈspekt]
le manque de respect	**lack of respect**	[læk əv rɪˈspekt]
qui manque de tact	**tactless**	[ˈtæktlɪs]
grossier	**coarse, rude, gross**	[kɔːs] [ruːd] [grəʊs]
vulgaire	**vulgar**	[ˈvʌlgər]
la grossièreté	**coarseness**	[ˈkɔːsnɪs]
le mauvais goût	**nastiness**	[ˈnɑːstɪnɪs]
la bassesse	**meanness**	[ˈmiːnnɪs]
insulter	**to abuse, to insult, to swear at**	[əˈbjuːz] [ˈɪnsʌlt] [sweər æt]
l'insulte, l'injure	**insult, abuse**	[ˈɪnsʌlt] [əˈbjuːz]
l'offense, l'affront	**offence, _offense_**	[əˈfens] [əˈfens]
offenser, vexer	**to offend, to affront**	[əˈfend] [əˈfrʌnt]
offensant, vexant	**insulting, offensive**	[ɪnˈsʌltɪŋ] [əˈfensɪv]
sans égard pour	**regardless of**	[rɪˈgɑːdlɪs əv]
sans égards	**thoughtless**	[ˈθɔːtlɪs]
humilier	**to humiliate**	[hjuːˈmɪlɪeɪt]
l'humiliation	**humiliation**	[hjuːˌmɪlɪˈeɪʃən]

sans (le moindre) scrupule.	**without (the slightest) scruple.**
se laisser corrompre	**to take a bribe**
avoir recours à une ruse	**to resort to a cunning trick = to use a bit of cunning**
C'est un tissu de mensonges !	**That's all lies! It's a tissue of lies!**
accuser qqn de mensonge	**to accuse somebody of lying**
Il ne respecte rien.	**Nothing is sacred to him. He has no respect for anything**

71. TECHNOLOGIE - ENVIRONNEMENT

la science	science	[ˈsaɪəns]
scientifique	scientific	[ˌsaɪənˈtɪfɪk]
la technique	technology	[tekˈnɒlədʒɪ]
la haute technologie	high tech(nology)	[haɪ tekˈnɒlədʒɪ]
la recherche	research	[rɪˈsɜːtʃ]
la découverte	discovery	[dɪsˈkʌvərɪ]
l'innovation	innovation	[ˌɪnəʊˈveɪʃən]
moderniser	to modernize	[ˈmɒdənaɪz]
améliorer	to improve	[ɪmˈpruːv]
perfectionner	to perfect	[ˈpɜːfɪkt]
l'amélioration	improvement	[ɪmˈpruːvmənt]
le perfectionnement	perfecting	[ˈpɜːfɪktɪŋ]
mettre au point	to develop	[dɪˈveləp]
la mise au point	development	[dɪˈveləpmənt]
inventer	to invent	[ɪnˈvent]
l'invention	invention	[ɪnˈvenʃən]
l'esprit d'invention	inventive genius	[ɪnˈventɪv ˈdʒiːnɪəs]
le progrès	progress	[ˈprəʊgres]
le robot	robot	[ˈrəʊbɒt]
l'électronique	electronics	[ɪlekˈtrɒnɪks]
l'informatique	computing	[kəmˈpjuːtɪŋ]
l'ordinateur	computer	[kəmˈpjuːtər]
l'industrie	industry	[ˈɪndəstrɪ]
industriel	industrial	[ɪnˈdʌstrɪəl]
l'énergie	energy	[ˈenədʒɪ]
la source d'énergie	source of energy	[sɔːs əv ˈenədʒɪ]
l'alimentation en énergie	energy supply	[ˈenədʒɪsəˈplaɪ]
la matière première	raw material	[rɔː məˈtɪərɪəl]
la mine (de charbon)	(coal)mine	[ˈkəʊlmaɪn]
extraire du charbon	to mine coal	[maɪn kəʊl]
le bassin houiller	coalfield	[ˈkəʊlfiːld]
le pétrole	oil, petroleum	[ɔɪl] [pɪˈtrəʊlɪəm]
le gisement (de pétrole)	(oil) deposit	[ɔɪl dɪˈpɒzɪt]

la nappe de pétrole	**oil-slick**	[ɔɪlslɪk]
le puits de pétrole	**oil-well**	[ɔɪlwel]
la marée noire	**oil spill, black tide**	[ɔɪl spɪl] [blæk taɪd]
l'atome	**atom**	[ˈætəm]
l'énergie nucléaire	**nuclear power**	[ˈnjuːklɪər ˈpaʊər]
la centrale nucléaire	**nuclear plant**	[ˈnjuːklɪər plɑːnt]
l'énergie solaire	**solar energy**	[ˈsəʊlərˈenədʒɪ]
l'énergie éolienne	**wind energy**	[wɪnd ˈenədʒɪ]
l'éolienne	**wind turbine**	[wɪnd ˈtɜːbaɪn]
le gaz naturel	**natural gas**	[ˈnætʃrəl gæs]
le gaz de schiste	**shale gas**	[ʃeɪl gæs]
la fracturation hydraulique	**hydraulic fracturing**	[haɪˈdrɔːlɪk ˈfræktʃərɪŋ]
l'environnement	**environment**	[ɪnˈvaɪərənmənt]
la protection de l'environnement	**environmental protection**	[ɪnˌvaɪərənˈmentl prəˈtekʃən]
les nuisances	**environmental damage**	[ɪnˌvaɪərənˈmentl ˈdæmɪdʒ]
l'écologie	**ecology**	[iːˈkɒlədʒɪ]
écologique	**ecological**	[ˌiːkəʊˈlɒdʒɪkəl]
les produits chimiques	**chemicals**	[ˈkemɪkəls]
polluer	**to pollute**	[pəˈluːt]
la pollution	**pollution**	[pəˈluːʃən]
la cheminée	**chimney**	[ˈtʃɪmnɪ]
les gaz d'échappement	**exhaust fumes**	[ɪgˈzɔːst fjuːmz]
le pot d'échappement	**exhaust pipe**	[ɪgˈzɔːst paɪp]
émettre, rejeter	**to emit**	[ɪˈmɪt]
l'oxyde de carbone	**carbon monoxid**	[ˈkɑːbən mɒˈnɒksaɪd]
détruire, anéantir	**to destroy**	[dɪˈstrɔɪ]
le produit toxique	**toxic**	[ˈtɒksɪk]
la poussière	**dust**	[dʌst]
le déchet	**waste, garbage**	[weɪst] [ˈgɑːbɪdʒ]
la couche d'ozone	**ozone layer**	[ˈəʊzəʊn ˈleɪər]
l'effet de serre	**greenhouse effect**	[ˈgriːnhaʊs ɪˈfekt]
le gaz à effet de serre	**greenhouse gas**	[ˈgriːnhaʊs gæs]

72. SOCIÉTÉ ET IMMIGRATION

le Tiers Monde	**the Third World**	[θɜːd wɜːld]
le développement	**development**	[dɪˈveləpmənt]
le sous-développement	**underdevelopment**	[ˌʌndədɪˈveləpmənt]
sous-développé	**underdeveloped**	[ˌʌndədɪˈveləpt]
le pays en voie de développement	**developing country**	[dɪˈveləpɪŋ ˈkʌntrɪ]
l'aide au développement	**development aid**	[dɪˈveləpmənt eɪd]
la misère	**wretchedness**	[ˈredʃɪdnɪs]
la pauvreté	**poverty**	[ˈpɒvətɪ]
pauvre	**poor**	[pʊər]
appauvrir	**to impoverish**	[ɪmˈpɒvərɪʃ]
le seuil de pauvreté	**poverty line**	[ˈpɒvətɪ laɪn]
la faim	**hunger**	[ˈhʌŋgər]
la soif	**thirst**	[θɜːst]
la famine	**famine**	[ˈfæmɪn]
la malnutrition	**malnutrition**	[ˌmælnjʊˈtrɪʃən]
sous-alimenté	**undernourished**	[ˌʌndəˈnʌrɪʃt]
(se) nourrir	**to feed (oneself)**	[fiːd wʌnˈself]
l'alimentation	**feeding, food**	[ˈfiːdɪŋ] [fuːd]
la sécheresse	**drought**	[draʊt]
l'agriculture	**agriculture**	[ˈægrɪkʌltʃər]
le déboisement	**deforestation**	[diːˌfɒrɪˈsteɪʃən]
la récolte	**harvest**	[ˈhɑːvɪst]
récolter	**to harvest**	[ˈhɑːvɪst]
la mauvaise récolte	**crop failure**	[krɒp ˈfeɪljər]
l'analphabétisme	**illiteracy**	[ɪˈlɪtərəsɪ]
la population	**population**	[ˌpɒpjʊˈleɪʃən]
la surpopulation	**overpopulation**	[ˌəʊvəˌpɒpjʊˈleɪʃən]
l'habitant	**inhabitant**	[ɪnˈhæbɪtənt]
par tête d'habitant	**per inhabitant**	[ɪnˈhæbɪtənt]
la démographie	**demography**	[dɪˈmɒgrəfɪ]
le contrôle des naissances	**birth control**	[bɜːθ kənˈtrəʊl]

le taux de natalité	**birth rate**	[bɜːθ reɪt]
le taux de mortalité	**death rate**	[deθ reɪt]
la mortalité infantile	**infant mortality**	['ɪnfənt mɔː'tælɪtɪ]
l'espérance de vie	**life expectancy**	[laɪf ɪk'spektənsɪ]
le recul des naissances	**decrease in the birth rate**	[dɪ'kriːs]
l'épidémie	**epidemic**	[ˌepɪ'demɪk]
la pyramide des âges	**age structure**	[eɪdʒ 'strʌktʃər]
la classe d'âge	**age group**	[eɪdʒ gruːp]
l'émigration	**emigration**	[ˌemɪ'greɪʃən]
émigrer	**to migrate**	[maɪ'greɪt]
l'émigré	**emigrant**	['emɪgrənt]
l'immigré	**immigrant**	['ɪmɪgrənt]
immigrer	**to immigrate**	['ɪmɪgreɪt]
le travailleur immigré	**guest worker foreign worker**	[gest 'wɜːkər] ['fɒrɪn 'wɜːkər]
le réfugié	**refugee**	[refjʊ'dʒiː]
l'étranger	**foreigner**	['fɒrɪnər]
étranger	**foreign**	['fɒrɪn]
les pays étrangers	**foreign countries**	['fɒrɪn 'kʌntrɪz]
à l'étranger	**abroad**	[ə'brɔːd]
la frontière	**border, frontier**	['bɔːdər] ['frʌntɪər]
la douane	**customs (pluriel)**	['kʌstəms]
le douanier	**customs officer**	['kʌstəms 'ɒfɪsər]
le pays d'accueil	**host country**	[həʊst 'kʌntrɪ]
la minorité	**minority**	[maɪ'nɒrɪtɪ]
le ghetto	**ghetto**	['getəʊ]
le racisme	**racism**	['reɪsɪzəm]
l'exploitation	**exploitation**	[ˌeksplɔɪ'teɪʃən]
exploiter	**to exploit = to take advantage of**	['eksplɔɪt] [əd'vɑːntɪdʒ]
l'intégration à, dans	**integration into**	[ˌɪntɪ'greɪʃən]
s'intégrer à, dans	**to integrate into**	['ɪntɪgreɪt]
la citoyenneté	**citizenship**	['sɪtɪznʃɪp]
la xénophobie	**xenophobia**	[ˌzenə'fəʊbɪə]
raciste	**racist, racialist**	['reɪsɪst] ['reɪʃəlɪst]
l'intolérance	**intolerance**	[ɪn'tɒlərəns]

la violence	force, violence	[fɔːs] ['vaɪələns]
l'acte violent	act of violence	[ækt əv 'vaɪələns]
le crime	crime	[kraɪm]
commettre	to commit	[kə'mɪt]
perpétrer	to perpetrate	['pɜːpɪtreɪt]
le meurtre	murder	['mɜːdər]
l'assassinat	assassination	[əˌsæsɪ'neɪʃən]
l'assassin	murderer, killer	['mɜːdərər] ['kɪlər]
assassiner	to murder	['mɜːdər]
le vol	theft	[θeft]
le voleur	thief (pl.: thieves)	[θiːf] [θiːvz]
voler	to steal (stole, stolen)	[stiːl] [stəʊl] ['stəʊln]
le cambrioleur	burglar	['bɜːglər]
la cambriolage	burglary	['bɜːglərɪ]
l'agression	attack, raid	[ə'tæk] [reɪd]
l'attaque de banque	bank raid	[bæŋkreɪd]
le rapt, l'enlèvement	abduction	[æb'dʌkʃən]
enlever, kidnapper	to abduct	[æb'dʌkt]
le chantage	extortion = blackmail	[ɪk'stɔːʃən] ['blækmeɪl]
la rançon	ransom	['rænsəm]
menacer de	to threaten with	['θretn wɪð]
la menace	threat	[θret]
le pirate de l'air	hijacker	['haɪdʒækər]
détourner (un avion)	to hijack	['haɪdʒæk]
l'otage	hostage	['hɒstɪdʒ]
l'attentat à l'explosif	bomb attack	[bɒm ə'tæk]
l'explosif	explosive	[ɪk'spləʊzɪv]
l'arme à feu	firearm	['faɪərɑːm]
la balle	bullet	['bʊlɪt]
tuer	to kill	[kɪl]
le délit	criminal act	['krɪmɪnl ækt]
la loi	law	[lɔː]
la police	police	[pə'liːs]

rechercher	**to search for**	[sɜ:tʃ]
l'arrestation	**arrest**	[ə'rest]
arrêter	**to arrest**	[ə'rest]
attraper	**to catch (caught)**	[kætʃ] [kɔ:t]
la prison	**prison, jail**	['prɪzn] [dʒeɪl]
le détenu	**inmate**	['ɪnmeɪt]
la détention	**custody**	['kʌstədɪ]
incarcérer	**to imprison**	[ɪm'prɪzn]
la cellule	**cell**	[sel]
la justice	**justice**	['dʒʌstɪs]
le juge	**judge**	[dʒʌdʒ]
le procès	**trial, [court] case**	['traɪəl] [kɔ:t keɪs]
le tribunal	**court [of justice]**	[kɔ:t əv 'dʒʌstɪs]
le juré	**juror**	['dʒʊərər]
l'avocat	**lawyer, barrister**	['lɔ:jər] ['bærɪstər]
accuser de	**to accuse of**	[ə'kju:z ɒv]
	= to charge with	[tʃɑ:dʒ wɪð]
le témoin (oculaire)	**(eye)witness**	[(aɪ)'wɪtnɪs]
le jugement	**judgement**	['dʒʌdʒmənt]
juger	**to judge**	[dʒʌdʒ]
l'innocence	**innocence**	['ɪnəsəns]
l'acquittement	**acquittal**	[ə'kwɪtl]
acquitter	**to acquit**	[ə'kwɪt]
la culpabilité	**guilt**	[gɪlt]
coupable de	**guilty of**	['gɪltɪ əv]
condamner à	**to condemn to**	[kən'dem]
	= to sentence to	['sentəns]
la peine, la sanction	**punishment**	['pʌnɪʃmənt]
	= sentence	['sentəns]
dissuasif	**deterrent**	[dɪ'terənt]
l'amende	**fine**	[faɪn]
la peine de mort	**death penalty**	[deθ 'penəltɪ]

être pris en flagrant délit	**to be caught in the act**
se trouver en détention	**to be held in custody**
la détention préventive	**committal for trial**
la détention à perpétuité	**life imprisonment**

74. ALCOOL, TABAC ET AUTRES DÉPENDANCES

l'alcool	**alcohol**	['ælkəhɒl]
alcoolique	**alcoholic**	[ˌælkə'hɒlɪk]
	addicted to alcohol	[ə'dɪktɪd]
l'alcoolisme	**alcoholism**	['ælkəhɒlɪzəm]
la sobriété	**soberness**	['səʊbənɪs]
se mettre à boire	**to turn to drink**	[tɜːn tə drɪŋk]
se soûler	**to get drunk**	[get drʌŋk]
ivre	**drunk, drunken**	[drʌŋk] ['drʌŋkən]
le buveur	**drunkard**	['drʌŋkəd]
l'ivresse	**drunkenness**	['drʌŋkənnɪs]
en état d'ébriété	**in a state of inebriation**	[ɪˌniː'brɪ'eɪʃən]
éméché	**tipsy**	['tɪpsɪ]
tituber	**to reel, to stagger**	[riːl] ['stægər]
l'habitude	**habit**	['hæbɪt]
par habitude	**out of habit**	[aʊt əv 'hæbɪt]
la déchéance	**(moral) decay**	['mɒrəl dɪ'keɪ]
le buveur invétéré	**compulsive drinker**	
la cure de désintoxication	**withdrawal treatment**	
la conduite en état d'ébriété	**drunken driving**	
se désaccoutumer de	**to free oneself from**	
la consommation de tabac	**mount of smoking**	
continuer de fumer	**to go on smoking**	
arrêter de fumer	**to stop smoking**	[stɒp 'sməʊkɪŋ]
nuire à	**to damage, to harm**	['dæmɪdʒ] [hɑːm]
provoquer des dégâts	**to cause damage**	[kɔːz 'dæmɪdʒ]
nocif, nuisible pour	**harmful to**	['hɑːmfʊl]
la nocivité	**harmfulness**	['hɑːmfʊlnɪs]
sans danger, inoffensif	**harmless**	['hɑːmlɪs]
mauvais pour la santé	**unhealthy**	[ʌn'helθɪ]
à ses risques et périls	**at one's own risk**	[æt wʌns əʊn rɪsk]
mettre en danger	**to endanger**	[ɪn'deɪndʒər]
le cancer du poumon	**lung cancer**	[lʌŋ 'kænsər]

la fumée	**smoke**	[sməʊk]
fumer	**to smoke**	[sməʊk]
le fumeur	**smoker**	['sməʊkər]
le (non-)fumeur	**(non-)smoker**	[ˌnɒn'sməʊkər]
le gros fumeur	**chain-smoker**	[tʃeɪn'sməʊkər]
le tabac	**tobacco**	[tə'bækəʊ]
la cigarette (filtre)	**(filtered) cigarette**	[ˌsɪgə'ret]
le cigare / la pipe	**cigar / pipe**	[sɪ'gɑːr] [paɪp]
le paquet de cigarettes	**packet of cigarettes**	['pækɪt əv ˌsɪgə'rets]
le mégot	**fag, butt**	[fæg] [bʌt]
Avez-vous du feu?	**Have you got a light?**	
l'allumette	**match**	[mætʃ]
la boîte d'allumettes	**match box**	[mætʃ bɒks]
le briquet	**[cigarette] lighter**	[ˌsɪgə'ret 'laɪtər]
allumer	**to light (lit)**	[laɪt] [lɪt]
avaler la fumée	**to inhale**	[ɪn'heɪl]
tousser	**to cough**	[kɒf]
le cendrier	**ashtray**	['æʃtreɪ]
polluer	**to pollute**	[pə'luːt]
respirer	**to breathe**	[briːð]
l'interdiction	**ban**	[bæn]
légal	**legal, lawful**	['liːgl] ['lɔːfʊl]
illégal	**illegal**	[ɪ'liːgl]
la drogue	**drug, narcotic**	[drʌg] [nɑː'kɒtɪk]
se droguer	**to take drugs**	[teɪk drʌgz]
	= to be on drugs	[drʌgz]
le trafic de drogue	**drug dealing**	[drʌg 'diːlɪŋ]
le trafiquant de drogue	**drug dealer**	[drʌg 'diːlər]
la toxicomanie	**drug addiction**	[drʌg ə'dɪkʃən]
toxicomane	**drug-addicted**	[drʌg ə'dɪktɪd]
	addicted to drugs	[ə'dɪktɪd]
le toxicomane	**drug addict**	[drʌg 'ædɪkt]
être accro à	**to be hooked on**	[hʊkt]
jouer pour de l'argent	**to gamble**	['gæmbəl]
les jeux d'argent	**gambling**	['gæmblɪŋ]
la fièvre acheteuse	**buying fever**	['baɪɪŋ 'fiːvər]

Impression et façonnage réalisés en décembre 2012
par La Tipografica Varese S.p.A.

Imprimé en Italie